中国旅游经济蓝皮书
Blue Book of China's Tourism Economy

2015年中国旅游经济运行分析与2016年发展预测

CHINA'S TOURISM PERFORMANCE: REVIEW & FORECAST (2015~2016)

中国旅游研究院

中国旅游出版社

《中国旅游经济蓝皮书》编委会

《中国旅游经济蓝皮书》编辑部

前　言

对于中国旅游发展来说，2015 年是光彩夺目的一年。在年初召开的全国旅游工作会议上，国家旅游局局长李金早站在两个 35 年的交叉点上，站在国家经济社会发展和全球旅游业变革的全局高度，在系统审视当前旅游形势和阶段特征的基础上，提出了新时期指导旅游发展的“515”战略。围绕“515”战略，国家旅游局推出了系列创新举措，如推动“厕所革命”、发布《游客旅游不文明行为记录管理办法》、实施 5A 级旅游景区退出机制、启动国家级旅游度假区评选工作、推进旅游外交、提出“旅游 +”战略思想、推广全域旅游等，得到了全行业的热烈响应和支持，赢得了全社会的广泛关注和赞誉。

从 2015 年旅游经济运行情况来看，“515 战略”已经显现出其对旅游改革、创新和发展的巨大推动效应。在国内经济增长放缓的背景下，我国旅游消费保持两位数的水平增长，入境旅游企稳向好，旅游创业创新活跃，旅游投资掀起新热潮，旅游业成为拉动经济发展的重要力量，得到了党中央、国务院的高度重视。习近平总书记在百忙中对旅游工作做出了系列重要指示。李克强总理、汪洋副总理等也多次关心旅游工作，对旅游工作提出要求。继 2014 年国务院发布《关于促进旅游业改革发展的若干意见》文件之后，2015 年 8 月 4 日，国务院办公厅印发《关于进一步促进旅游投资和消费的若干意见》，就旅游投资和消费的改革创新和促进工作做出了全面部署。《中共中央、国务院关于构建开放型经济新体制的若干意见》《国务院关于积极发挥新消费引领作用加快培育形成新供给新动力的指导意见》《国务院办公厅关于加快发展生活性服务业促进消费结构升级的指导意见》等文件也专门对促进旅游发展做出了阐述。可以说，2015 年实现了“十二五”时期旅游发展的漂亮收官，同时开启了旅游发展的新时代。

当前，我国的世界旅游大国地位更加巩固，继形成世界最大规模国内旅游市场之后，又成为世界第一大出境旅游国，入境旅游也保持在世界前列。旅游日益成为老百姓日常生活的重要组成部分，旅游业日益发展成为拉动作用大的综合性大产业，在国民经济和社会发展中的战略性地位更加突出。虽然旅游发展中还存在发展方式粗放、市场秩序不规范、游客行为不文明等问题，但是这些问题都是在发展中形成的问题，也可以通过进一步地发展来解决，而且要看到围绕这些问题的解决已经积累了更多积极的因素。

展望未来，我们对旅游业发展充满信心。正如书中提出的：“十三五”是我国从大众旅游初级阶段向中高级阶段发展，特别是向小康型旅游迈进的关键五年，也是旅游业“515”战略效应全面显现的关键五年。我国旅游业一方面要贯彻落实党的十八届五中全会精神，努力让旅游发展与全面实现小康社会同步，并争取率先进入全面小康型旅游新阶段；另一方面要以提质增效为中心加快改革创新，全力推进旅游业“515”战略，推动我国向世界旅游强国目标迈进。这两个方面的目标一个着眼于国内经济社会发展需要，另一个着眼于国际比较，相辅相成，共同构成“十三五”时期旅游业发展的重要方向。

在这个旅游业发展的钻石期，我们期待更多人、更多机构、更多资本、更多要素参与到旅游业发展当中来。据说是马云说的：你错过电子商务不仅仅是错过一次机会，而是错过一个时代。对于旅游业发展来说也是如此。实际上马云这个站在电子商务时代前沿的引领者早已在旅游领域全面布局。在今天投身旅游业的发展，不只是能够赚钱，而且能够实现“为国为民”的理想和获得荣誉感。作为一个政府智库，中国旅游研究院也将以更多的学术思想产出、更多的高端人才培养、更多的行业形势分析呈献给这个时代，摆在大家面前的这本不算厚的报告就是其中的一份努力。

本书是中国旅游研究院《中国旅游经济蓝皮书》系列年度报告的第八部。全书凝结了全院的集体智慧，由戴斌负责总体学术指导和最终审定，科研部全程管理。宋子千负责具体组织和第一章、第四章、第五章、第六章、第八章的统稿，唐晓云承担第二章、第三章、第七章的统稿。各章执笔人员如下：第一章宋子千；第二章王良举、唐晓云、章东明、苏娜；第三章肖建勇、李仲广、杨彦锋；第四章吴丰林、张佑印、黄璜、李雪；第五章宋慧林、刘丽敏；第六章蒋依依、杨劲松、杨丽琼；第七章何琼峰、李仲广；第八章胡抚生、熊娜。

戴斌

中国旅游研究院院长、教授、博士生导师

2015 年 12 月 10 日

CONTENTS

目　录

第一章

旅游经济总体运行状况与发展预测

2015年，在国内经济增长放缓的背景下，我国旅游经济在“515”战略引领下保持较快速度增长，市场和产业两旺，成为拉动经济发展的重要力量。随着产业规模持续扩大，旅游业对经济社会发展的综合功能进一步增强，旅游发展面临前所未有的有利环境。2016年是“十三五”的开局之年，旅游业要在十八届五中全会精神指引下深入实施“515”战略，促进旅游业提质增效，为经济社会发展做出更大贡献。

一、2015年中国旅游经济总体运行状况

（一）发展环境

1. 世界经济持续低迷

根据世界银行的报告，2014年全球GDP增长率为2.5%，略高于2013年。中低收入国家增速明显高于高收入国家，从地区来看，南亚和东亚太增速较高，分别为7.1%和6.8%。2015年以来，世界经济依然在金融危机的影响中调整，贸易低迷，保护主义时有抬头，地缘政治关系变化多端。根据经济合作与发展组织（OECD）2015年11月在半年度经济展望报告中的预测，2015年全球GDP增幅预计为2.9%，高于2014年，但低于之前的预期。美欧等发达经济体继续复苏，OECD预计2015年美国GDP增速为2.4%，欧元区为1.5%（见表1－1）。新兴经济体继续分化，印度、印度尼西亚经济表现良好，特别是印度经济增长率超过7%，而俄罗斯、巴西则陷入负增长。持续低迷的世界经济不仅影响到国际旅游市场的增长，而且使得各国和各地区加大了对旅游市场的争夺，从两方面增加了中国入境旅游复苏的难度。

表 1-1　部分经济体 GDP 同比实际增长率（单位:%）

国家	2013 年	2014 年	2015 年			2015 年
			一季度	二季度	三季度	全年预测
美国	1.49	2.43	2.88	2.72	2.17	2.43
中国	7.70	7.40	7.00	7.00	6.90	6.75
日本	1.36	-0.03	-1.04	0.71	1.67	0.59
英国	2.16	2.94	2.71	2.43	2.26	2.41
澳大利亚	2.04	2.61	2.13	1.93	2.52	2.21
加拿大	2.22	2.47	2.10	1.12	1.18	1.18
法国	0.66	0.18	0.95	1.11	1.21	1.07
德国	0.30	1.59	1.09	1.60	1.72	1.52
意大利	-1.75	-0.44	0.09	0.57	0.84	0.76
韩国	2.90	3.31	2.41	2.21	2.72	2.72
巴西	3.01	0.10	-2.13	-2.89	-4.45	-3.06
印度	6.36	7.08	7.51	7.33	7.12	7.21
印度尼西亚	5.58	5.02	4.76	4.72	4.73	4.73
俄罗斯	1.34	0.64	-2.20	-4.53	-	-4.04
南非	2.21	1.55	2.04	1.57	1.21	1.50

数据来源：OECD 在线数据库；查询时间：2015 年 12 月 11 日。

2. 世界旅游业平稳发展

2015 年，全球旅游市场继续保持自 2014 年以来的增长态势。据 UNWTO 统计，2015 年 1～8 月，世界入境过夜游客总人数达 8.1 亿人次，较 2014 年同期高出 3300 万人次，同比增长 4.3%。考虑到国际政治经济形势和恐怖主义影响等因素，预计全年增长 4%。

从地理区位来看，接待增长较快的是加勒比海、欧洲中东部、中美洲、南欧、北欧、东南亚、大洋洲等地区，同比增长率均在 5% 以上，而非洲地区则出现了负增长。从经济体划分来看，虽然赴发达国家的游客增幅绝对值更大，但赴新兴市场国家与发展中国家旅游的游客增幅上升势头非常明显。货币汇率对于旅游流有较大影响，中国、印度、南非和埃及等旅游支出增幅较大，俄罗斯联邦和巴西等的旅游支出则明显下降。中国出境旅游对世界旅游业的贡献进一步增大。

3. 我国经济稳中有进

由于我国仍处在结构调整的关键阶段，加上世界经济复苏乏力，2015年我国前三季度GDP增速进一步回落，同比增长仅有6.9%（见表1-2）。但这一增长速度对于世界第二大经济体来说已经难能可贵，并且仍处于合理区间。它是高基础水平上实现的高水平增长，在增速放缓的同时，新的发展动能在加速成长。我国经济继续保持总体平稳、稳中有进和稳中向好的态势。

表1-2　2014~2015年各季度国内生产总值累计值（现价）和同比增长率

指标	2015年第三季度	2015年第二季度	2015年第一季度	2014年第四季度	2014年第三季度	2014年第二季度	2014年第一季度
国内生产总值（亿元）	487773.5	314178.2	147961.8	636138.7	457405.9	293939.0	138738.0
同比增长（%）	6.9	7.0	7.0	7.3	7.3	7.3	7.3
第一产业（亿元）	39195.0	21110.0	7770.0	58336.1	37197.9	19940.3	7490.5
同比增长（%）	3.8	3.5	3.2	4.1	4.1	3.7	3.3
第二产业（亿元）	197799.2	127997.7	58930.6	271764.5	195496.3	125852.1	57854.3
同比增长（%）	6.0	6.1	6.3	7.3	7.4	7.5	7.3
第三产业（亿元）	250779.4	165070.6	81261.2	306038.2	224711.7	148146.6	73393.1
同比增长（%）	8.4	8.3	8.0	7.8	7.6	7.6	7.6

产业结构在继续优化，突出表现在服务业增长较快，由工业主导向服务业主导转变的趋势更加明确。前三季度，第三产业生产总值同比增长8.4%，比国内生产总值增速高1.5个百分点，第三产业占GDP的比重达到51.4%，比2014年同期高出2.3个百分点。在中央一系列“大众创业、万众创新”政策的推动下，中国的新产业、新业态、新产品、新经济、新动力加快孕育。1~9月份，网上零售额增长将近40%，新能源汽车等新产品在翻倍增长。在工业结构中，1~9月份高技术产业增加值增长速度达到10.4%，比规模以上工业增长速度高出4.2个百分点。

和人民生活密切相关的几项指标表现良好。居民收入增长速度持续高于 GDP 增长速度，前三个季度居民人均可支配收入达到 16367.20 元，同比增长 9.2%；农村居民可支配收入增速更是高于城镇居民，同比增长达到 9.5%。就业稳定，前三季度新增就业超额完成全年的计划目标。物价平稳，前 10 个月平均全国居民消费价格总水平比 2014 年同期仅上涨 1.4%。消费需求旺盛，2015 年 1～10 月份，社会消费品零售总额为 244359 亿元，同比增长 10.6%。前三季度，最终消费支出对经济增长的贡献率为 58.4%，比资本形成总额高 15 个百分点（见表 1－3）。

中高速的经济增长和更快的居民收入增长、稳定的消费和就业，共同奠定了旅游消费持续增长的基础。

表 1－3 2014～2015 年各季度居民收入累计值和同比增长率

指标	2015 年第三季度	2015 年第二季度	2015 年第一季度	2014 年第四季度	2014 年第三季度	2014 年第二季度	2014 年第一季度
居民人均可支配收入（元）	16367.20	10930.68	6086.93	20167.12	14985.63	10024.97	5562.18
同比增长（%）	9.2	9.0	9.4	10.1	10.5	10.8	11.1
城镇居民人均可支配收入（元）	23512.13	15698.95	8571.85	28843.85	21697.00	14519.66	7911.89
同比增长（%）	8.4	8.1	8.3	9.0	9.3	9.6	9.8
农村居民人均可支配收入（元）	8297.15	5553.80	3279.12	10488.88	7574.34	5073.46	2980.25
同比增长（%）	9.5	9.5	10.0	11.2	11.8	12.0	12.3

数据来源：国家统计局网站。

4. 旅游政策法规环境进一步优化

党中央、国务院领导对旅游业发展和旅游工作高度重视，予以充分肯定，提出明确要求。2015 年以来，习近平总书记在百忙中对旅游工作做出了系列重要指示。李克强总理、汪洋副总理等也多次关心旅游工作，对旅游工作提出要求。继 2014 年国务院发布《关于促进旅游业改革发展的若干意见》文件之后，2015 年 8 月 4 日，国务院办公厅印发《关于进一步促进旅游投资和消费的若干意见》，就旅游投资和消费的改革创新和促进工作做出了全面部署，措施之实、亮点之多、力度之大均前所罕见。除此之外，在《中共中央、国务院关于构建开放型经济新体制的若干意见》《国务院关于积极发挥新消费引领作用加快培育形成新供给新动力的指导意见》《国务院办公厅关于加快发展生活性服务业促进消费结构升级的指导意见》等文件中也专门对促进旅游发展做出了阐述。国家旅游局在2015年年初推出了“515”战略，并相继提出“厕所革命”、全域旅游、“旅游+”等重大行动，在各地掀起了旅游业改革创新和发展的新一轮热潮。同时，还联合发改委、国务院扶贫办、国家中医药管理局等部门制定了多项促进旅游发展的文件，形成了全社会共同发展旅游的合力。

总之，虽然国际经济持续低迷和世界旅游业竞争加剧带来了一些不利影响，但国内经济维持中高速增长和居民收入快速增长为我国旅游经济保持平稳较快增长提供了支撑，加上新常态下旅游部门主动作为，为旅游经济发展争取了更为有利的外部环境。

（二）发展概况

根据《2014年中国旅游业统计公报》显示，2014年我国国内旅游人数达36.11亿人次，收入3.03万亿元人民币，分别比2013年增长10.7%和15.4%；入境旅游人数达1.28亿人次，实现国际旅游收入1053.8亿美元；中国公民出境旅游人数达到1.07亿人次；全年实现旅游业总收入3.73万亿元人民币。

2015年，在国内经济增长放缓的背景下，我国旅游经济保持高于GDP速度的较快速度增长，市场和产业两旺，成为拉动经济发展的重要力量。三大市场表现突破了近年来持续的“两升一降”局面，国内旅游市场稳定发展，出境旅游高速增长，入境旅游出现复苏迹象。旅游产业运行景气上升，投资活跃，创业创新积极。预计2015年全年接待国内外旅游人数将达到41亿人次，旅游总收入突破4万亿元，同比2014年分别增长10%和12%，全面实现发展目标。

“十二五”时期，旅游业有了长足发展，世界旅游大国地位更加巩固，部分发展指标跨入世界旅游强国行列。我国继形成世界最大规模国内旅游市场之后，又成为世界第一大出境旅游国，入境旅游也保持在世界前列。旅游业已经发展成为多方面、多层次、多维度的综合性大产业，新产品、新业态、新商业模式层出不穷，“商、养、学、闲、情、奇”等要素充分发展，旅游日益成为老百姓日常生活的重要组成部分，旅游业在国民经济和社会发展中的战略性地位更加突出，全面实现了“十二五”规划目标。

2015 年旅游经济运行的主要特征有：

1. 国内旅游消费表现抢眼，消费结构进一步升级

2015 年以来，旅游消费热潮不断，形成了暑期修学游和亲子游、周末周边游、小长假短程游、国庆长假中远程旅游等市场热点。预计 2015 年全年国内旅游接待总量为 39.7 亿人次，国内旅游总收入达 3.43 万亿元，分别较 2014 年增长 10.0% 和 13.2%。

休闲度假和观光旅游并重的局面初步显现。根据中国旅游研究院进行的国内居民出游意愿调查结果显示，休闲、度假超过观光、增长见识成为第一大出游目的。“轻旅行”“拼家团”等以“不早起、不赶路、不频繁换酒店、行程每一站预留相对充裕自由活动时间”为特点的新产品和“私人定制”产品深受市场欢迎。随着人们对健康问题更加重视，将旅游和医疗健康结合在一起的医疗旅游开始兴起。

自助、自驾旅游持续升温。国内居民出游意愿调查结果显示，在出游方式上，选择自己组织和单独出游的占 65.40%，而选择参加旅行团出游的仅占 29.00%；在出游同伴上，绝大多数选择家人（59.32%）和好友（29.54%）；在出游交通工具上，选择自驾出游的已经达到 21.15%；人们更倾向于通过互联网（86.77%）和亲朋好友（52.72%）获取旅游相关信息，移动端预订量增速迅猛，已成为旅游预订的主渠道。

2. 出境旅游继续快速增长，入境旅游回升向好

出境旅游继续快速增长，但增速有所放缓，预计 2015 年出境旅游 1.2 亿人次，较 2014 年增长 12.0%。其中，赴日本、韩国、马来西亚和欧美等旅游人数增长较快。邮轮旅游、定制游、当地玩乐成为出境旅游市场新热点。

入境旅游在近三年来首次出现正增长，预计 2015 年接待入境旅游 1.33 亿人次，较 2014 年增长 4%；入境旅游外汇收入 1175.7 亿美元，同比增长 0.6%。港澳台市

场保持稳定增长，基础市场地位更加巩固。外国人市场企稳，其中韩国、越南等近程外国人市场率先回升向好。

3. 旅游产业更为景气，创业创新活跃

2014年第四季度至2015年第三季度，旅游产业景气指数均处于“较为景气”区间，4个季度的指数分别为124.7、130.8、123.5和125.8，其中2015年第一季度达到近三年以来最高水平。分行业来看，景区和旅游新兴业态景气指数最高，集团和旅行社次之，饭店业在第三季度有明显回升。

在人才、资本和技术新型变革要素的驱动下，旅游正在成为创业创新最为活跃的领域之一，呈现出“大众创业，万众创新”的蓬勃景象。大企业集团不断推出抢占制高点的重磅计划，如中青旅发布“遨游网+”战略，阿里巴巴发布“未来酒店”战略，携程入股同程网等。成长型企业致力于新的突破，如旅游社交网站蚂蜂窝宣布实施大数据反向C2B创新战略，途牛网在美国上市等。基于互联网和分享经济模式的业态创新发展迅速，如住宿和交通领域的途家、易到用车、Uber专车等均在2015年得到了快速发展。

旅游企业“走出去”态势更加明显。着眼于全球化布局，锦江、海航等继续加快对外旅游投资的步伐。据不完全统计，2015年上半年对外旅游投资事件19余件起，涉及投资金额超过51.3亿美元，同比增长43%。除了传统的亚洲、欧洲等地区，北美、澳新和非洲等区域的投资明显增加。

4. 旅游投资增势强劲，并购重组进入历史高峰期

中国旅游投资进入“黄金时代”，增长势头强劲，大额资本不断流向旅游企业。2015年前三季度全国完成旅游投资5502.9亿元，增长29%。在线旅游企业投融资额超过450亿元，是2014年在线旅游投融资的2.4倍。越来越多的战略投资者、金融机构、产业基金和风险投资者开始进入旅游领域，并以其专业能力和商业行为影响产业走向。

行业并购重组进入历史高峰期。锦江集团通过海内外一系列并购包括并购欧洲最大的经济型酒店集团，目前已经成为全球最大的酒店集团之一。在线旅游更是成为资本竞相追逐的热点领域，2015年以来发生了携程和去哪儿合并、滴滴和

快的合并、美团和大众点评合并等多起对我国旅游产业影响深远的重大企业并购事件。

5. 地区差距继续缩小，一体化格局深化发展

从旅游企业的景气水平来看，东部和中部地区较高，西部略低，但均处于“较为景气”水平。从出游规模和接待规模来看，东部地区是最主要的客源地，同时也是最主要的目的地，但中西部地区保持追赶态势。

在国家“一带一路”、京津冀协同发展、长江经济带等战略以及交通方式变革的带动下，区域旅游一体化格局继续深化。区域旅游一体化和区域经济一体化的协调效应更加突出，区域旅游一体化既是区域经济一体化的产物，同时又为后者增添了动力。各类区域旅游合作不断发展，广度和深度都有所提高，如围绕大运河、长征以及高铁线路等，沿线区域都提出了很多务实的合作措施。

全域旅游促进区域旅游发展升级。近年来，在旅游产业融合理念的指导下，各地都非常重视旅游和经济社会的融合发展，旅游发展逐渐摆脱单一产业发展模式而走向全域化。特别是2015年8月李金早局长提出“旅游+”战略思想，9月国家旅游局下发《关于开展“国家全域旅游示范区”创建工作的通知》，将全域旅游发展推向了新的高度。

6. 以“厕所革命”为标志的公共服务建设加速推进，游客满意度持续提升

2015年以来，国家旅游局在旅游公共服务建设方面做出了许多努力，特别是以“厕所革命”为抓手，促进了各地旅游目的地建设水平。旅游部门和各地政府的努力收到了明显成效，2015年全国游客满意度持续上升，前三季度游客满意度指数分别为75.02、75.45、76.23。

虽然发生了“天价虾”等多起影响很大的社会事件，但从调查结果来看，旅游投诉与质监的满意度有较大提升。和往年同期相比，全国旅游投诉与质监满意度指数有所上升，而游客投诉比例则有较大幅度下降。

二、2016年旅游经济发展形势分析和预测

（一）发展形势

1. 有利方面

一是从国际上看，和平与发展的时代主题没有变。世界多极化、经济全球化、文化多样化、社会信息化深入发展，世界经济在深度调整中曲折复苏，新一轮科技革命和产业变革蓄势待发，全球治理体系深刻变革，发展中国家群体力量继续增强，国际力量对比逐步趋向平衡，我国旅游经济发展有一个较为缓和的国际环境。特别是2016年10月1日，人民币加入SDR（特别提款权）正式生效，这有利于中国旅游业“走出去”，利用国际、国内两个市场、两种资源提升企业竞争力。

二是我国经济长期向好基本面没有改变。我国物质基础雄厚、人力资本丰富、市场空间广阔、发展潜力巨大，经济发展方式加快转变，新的增长动力正在孕育形成。今后一段时期，我国宏观经济仍将保持中高速增长，城乡居民收入将大幅提升，到2020年国内生产总值和城乡居民人均收入比2010年翻一番，产业水平迈向中高端，我国旅游经济发展的消费基础更加坚实。

三是全面建成小康社会和五大发展理念为旅游经济快速发展提供了契机。旅游是人民生活水平提高的一个重要指标，让更广大的人民群众参与到旅游活动中来，享受高品质的旅游活动，是全面建成小康社会的应有之义。同时，旅游业是能够全面贯彻创新、协调、绿色、开放、共享五大发展理念的优势产业，是拉动经济发展的重要动力，适度扩大规模有利于旅游业发挥更大作用，党的十八届五中全会通过的《中共中央关于制定国民经济和社会发展第十三个五年规划的建议》明确提出“大力发展旅游业”。国家对发展旅游业的重视程度和旅游业战略地位不断提高，为“十三五”时期旅游业发展提供了强大动力。

四是旅游业自身积累了强大动能。国民参加旅游意愿持续高涨，旅游产业体系基本形成，旅游投资、区域合作和国际合作持续广化与深化，将为旅游经济运行提供坚实的市场支撑和产业支撑。旅游经济在一定程度上已经进入自发展的成熟阶段，

对于外部环境的依赖性和敏感性在降低。

2. 不利方面

一是在国际方面。国际金融危机深层次影响在相当长时期依然存在，全球经济贸易增长乏力，保护主义抬头，地缘政治关系复杂变化，传统安全威胁和非传统安全威胁交织，外部环境不稳定不确定因素增多。我国主要客源地日本、俄罗斯、美国、欧洲等经济复苏可能继续波动，港澳台市场进入稳定发展期，同时周边更多的国家和地区纷纷寻求扩大市场占有率，进一步加剧旅游市场竞争格局，加上美国针对全球发布旅游警报，这势必影响我国入境旅游市场恢复增长。

二是旅游业自身发展面临提质增效的挑战。广大人民群众对旅游品质诉求不断提高，新的需求不断涌现，旅游投资和旅游供给创新任务更加艰巨；旅游新业态不断涌现，给宏观调控与微观监管带来了前所未有的挑战；随着旅游规模的扩大，旅游发展对社区居民和经济社会发展的负面影响开始显现，如何确保旅游发展的包容性、实现利益贡献也是面临的难题。

（二）发展预测

综合国内外发展环境和旅游业发展态势，2016 年旅游经济总体偏向于积极乐观，国内旅游持续增长，出境旅游快速发展，入境旅游企稳回暖，旅游投资维持高位，旅游就业稳步增加。

具体预测指标如下：预计 2016 年旅游总收入达 4.67 万亿元，同比增长 12%。国内旅游人数达 43.5 亿人次，同比增长 9.8%；国内旅游收入达 3.89 万亿元，同比增长 13 %。入境旅游人数 1.38 亿人次，同比增长 4%；国际旅游收入 1282 亿美元，同比增长 9.0%。出境旅游人数 1.33 亿人次，同比增长 11.5%。旅游直接投资达到万亿元规模。旅游就业新增 150 万人。

三、2016 年旅游经济发展政策建议与工作重点

“十三五”是我国从大众旅游初级阶段向中高级阶段发展，特别是向小康型旅

游迈进的关键五年，也是旅游业“515”战略效应全面显现的关键五年。我国旅游行业一方面要贯彻落实党的十八届五中全会精神，努力让旅游发展与全面实现小康社会同步，并争取率先进入全面小康型旅游新阶段；另一方面要以提质增效为中心加快改革创新，全力推进旅游业“515”战略，推动我国向世界旅游强国目标迈进。

2016 年是“十三五”的开局之年，旅游行业要以十八届五中全会精神为指导，着力推进改革创新、扩大消费需求、提升产业素质，充分发挥产业的综合效益。

（一）培育消费热点，扩大旅游消费

巩固观光旅游市场，着重培育休闲度假的新热点，积极发展邮轮旅游、健康旅游、老年旅游、自驾游等新兴旅游业态。推进旅游厕所、旅游咨询中心和集散中心、景区道路停车场等基础设施建设和改造，提升中西部和农村地区旅游公共服务水平，着力改善旅游消费的软硬环境。放松准入限制，加强引导扶持，扩大旅游供给，提升旅游供给质量，缓解有效供给不足。加大旅游部门与相关部门协调力度，推动联合执法，提升旅游部门统筹协调能力和突发问题处置能力。推动旅游企业诚信体系建设，完善旅游投诉体系，优化旅游市场秩序。加强游客行为引导，促进文明旅游。加强旅游安全监管和救援体系建设。

（二）推动创业创新，提升产业竞争力

联合国家有关部委完善乡村旅游、海洋旅游、在线旅游等热点领域创业创新的细化政策，打造一批乡村旅游、红色旅游、研学旅行、智慧旅游的创客基地。推动各地在资金、土地、税收、水电价格等方面给予旅游创新企业优惠政策，提升政府服务企业发展的能力，激发大众旅游创业创新热潮。支持各类中介组织发展，提升旅游业发展活力。实施旅游投资促进计划，大力发展旅游装备制造业、旅游商品制造业，加快推进特色旅游城镇建设，加快精品酒店、主题酒店、乡村民俗等住宿接待设施建设，增加主题公园、旅游综合体等非传统旅游产品的供给数量。完善 5A 级旅游景区进入退出常态化机制，提高国家旅游度假区的品牌知名度和影响力。以“旅游 + 互联网”思维推动旅游商业模式创新，大力改造传统旅行服务模式，打造

线上线下共融旅游服务平台。加强旅游基础理论和应用研究，加强旅游智库建设，促进旅游产学研的一体化发展。支持旅游企业走出去，培养一批具有全球影响力和市场竞争力的旅游市场主体。

（三）落实政策法规，营造良好发展环境

结合十八届五中全会精神的宣传培训，进一步加强既有法律、法规、政策文件落地工作，做好《中华人民共和国旅游法》《国民旅游休闲纲要（2013—2020年）》《国务院关于加快旅游业改革发展的若干意见》《国务院办公厅关于进一步促进旅游消费和投资的若干意见》《国土资源部、住房和城乡建设部、国家旅游局关于支持旅游业发展用地政策的意见》等文件的督查工作，启动《国务院关于加快发展旅游业的意见》的评估工作。特别是要切实推进带薪休假和弹性工作制度、旅游业用水用电同价政策、旅游用地的优惠政策以及中小企业扶持政策等的落实。在乡村旅游扶贫、节能改造、文化创意旅游等领域积极推动各种优惠政策、扶持资金和重点项目的整合。编制好旅游业发展“十三五”规划，争取将旅游业专项规划的重点任务、重大政策措施纳入经济社会发展规划当中。

（四）加强国际合作，推进旅游外交

制订我国重要入境旅游客源地的旅游便利化方案，创新旅游市场营销手段，提升入境旅游产品吸引力，提高入境旅游市场规模。推动增加外国人72小时过境免签城市数量，完善72小时过境免签政策，完善邮轮、游艇出入境政策。创新边境区域游客通关便利化举措，推动边境旅游合作区建设。利用好出境旅游的市场力量，提升出境旅游品质。督促目的地简化签证手续、缩短签证时间、减少签证费用，给予中国游客更多便捷，在语言和消费习惯等方面更加充分考虑我国游客需要，在旅游标准、从业资格认证、安全预警机制和突发事件处理等方面与我方建立起更加紧密的常态化合作机制。积极开展多边、双边旅游合作，特别是推动“一带一路”沿线国家和地区旅游合作，促进旅游业向国家对外开放和外交的前沿回归。发挥好旅游民间外交和人员往来的先天优势，在促进国际交往、加强民间交流、减少贸易摩擦

等方面积极作为。全力办好中美、中印、中韩旅游年系列活动，办好世界旅游发展大会、WTTC年会等重大活动，向世界展示开放、友好、繁荣的大国形象。

（五）深入实施“旅游+”战略，促进共享发展

要以开明的态度、开放的思路、开拓的精神，积极推进“旅游+”，促进旅游业和经济社会发展的一体化。特别是要发挥旅游业资源消耗低、对环境友好、能生态共享的特点，推动旅游业发展和生态文明建设的相互促进；发挥旅游就业容量大、层次多样、类型丰富、方式灵活、前景广阔的特点，推动旅游在就业扶贫领域做出更大贡献；发挥旅游活动对身心健康和人际交流的促进作用，提升国民素质。加强引导，积极发展租车、租房、送餐等同时面向本地居民和旅游者的新业态，以共享经济理念构建新型旅游市场主体和旅游经济新生态。

第二章

旅游新需求和市场新趋势

2015 年，我国旅游消费需求总体上保持稳定增长态势，国内旅游高速增长，出境旅游增速有所回落，入境旅游企稳回升。展望 2016 年，随着十八届五中全会创新发展理念的深入、"515"战略和"旅游 +"战略效应的不断释放以及《国务院办公厅关于进一步促进旅游投资和消费的若干意见》等既有政策的深入贯彻落实，旅游消费潜力将得到进一步释放，旅游市场总体上仍将保持平稳增长趋势，新的旅游市场需求将不断涌现。

一、2015 年旅游需求基本状况

（一）旅游需求概况

1. 需求总量

当前我国宏观经济持续增长，社会环境稳定，国民旅游消费需求旺盛。与 2014 年相比，2015 年旅游经济总体仍维持平稳发展，且三大旅游市场相比往年突破"两升一降"局面，入境旅游止跌回升，旅游业对经济下行压力的支撑作用更加明显。国内旅游市场持续高速增长，2015 年前三季度共接待国内游客 30.26 亿人次，实现旅游收入 2.56 万亿元，同比分别增长 10.9% 和 15.1%。入境旅游市场实现三年内首次正增长。2015 年 1 ~ 10 月，入境旅游人数达 1.11 亿人次，同比增长 4.4%。出境旅游市场保持快速增长，但增速有所放缓。

预计 2015 年全年接待国内外旅游人数有望突破 41 亿人次，旅游总收入将突破 4 万亿元。其中，国内旅游接待总量将达 39.7 亿人次，入境旅游人数约 1.33 亿人次，出境旅游人数将达到 1.2 亿人次（见表 2 - 1 和图 2 - 1）。

表 2－1　2015 年全年旅游市场预测

主要指标	预测值	同比增长（%）	完成全年目标（%）
国内旅游人数	39.7 亿人次	10.0	100.0
国内旅游收入	3.43 万亿元	13.2	103.9
入境旅游人数	1.33 亿人次	4.0	103.5
入境旅游收入	1175.7 亿美元	0.6	/
出境旅游人数	1.198 亿人次	12.0	105.0
入出境总人数	2.57 亿人次	7.8	106.4
旅游总收入	4.18 万亿元	12.1	/

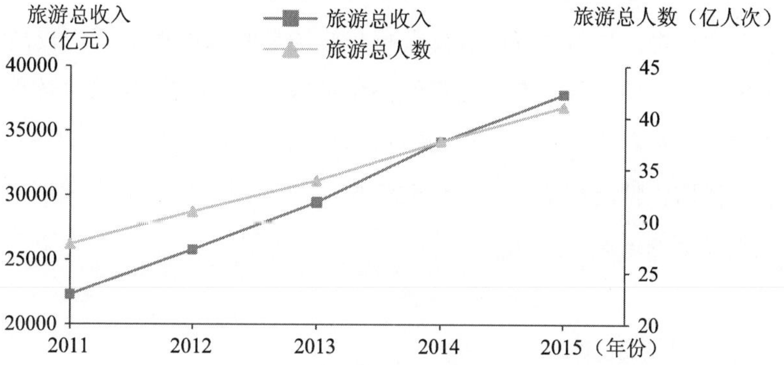

图 2－1　2011～2015 年旅游总收入及接待总人数情况

数据来源：历年《中国旅游统计年鉴》及其副本，2015 年数据是预测值。

“十二五”以来，我国旅游经济总体保持平稳发展态势。其中，作为我国旅游业三大市场主体的国内旅游市场实现持续平稳发展，国内旅游需求仍然是我国旅游市场的主要增长点。

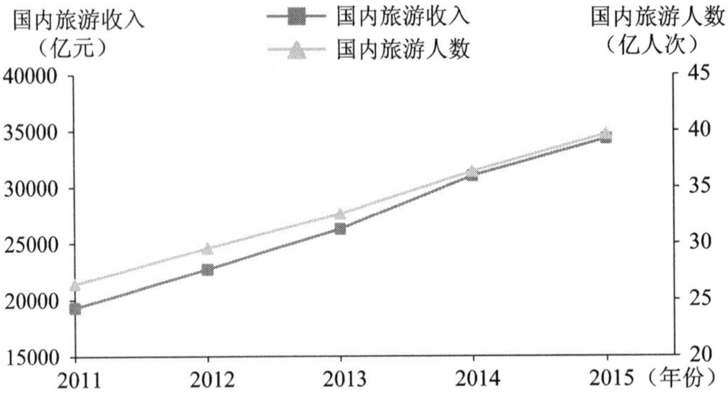

图 2－2　2011～2015 年国内旅游收入和国内旅游人数

数据来源：历年《中国旅游统计年鉴》及副本，其中 2015 年数据是预测值。

2. **增长率**

2006 年以来，我国旅游市场规模的增长率总体维持较高水平，平均增长率超过 10%。除了个别年份，我国接待旅游总人数和旅游总收入的增长率均较高。2012 年以来，我国经济发展进入新常态，宏观经济增速放缓，但旅游经济总体保持较高速增长，接待旅游人数和旅游总收入年均增长率均超过 10%。国内旅游增长情况与全国旅游经济总体增长情况相似。除了少数年份，我国国内旅游人数和国内旅游收入均保持两位数以上的增速。

（二）旅游需求结构

1. **人均消费**

根据 2015 年抽样调查资料显示，我国城乡居民国内旅游人均消费分别为 1050 元和 659 元。其中农村居民国内旅游人均消费增加较为明显，由 2014 年的 540 元增加至 2015 年的 659 元（见图 2－3）。2009 年以来，我国城乡居民国内旅游人均消费均呈上升趋势，城镇居民国内旅游人均消费明显高于农村居民，但城乡居民国内旅游人均消费水平差距在逐步缩小。

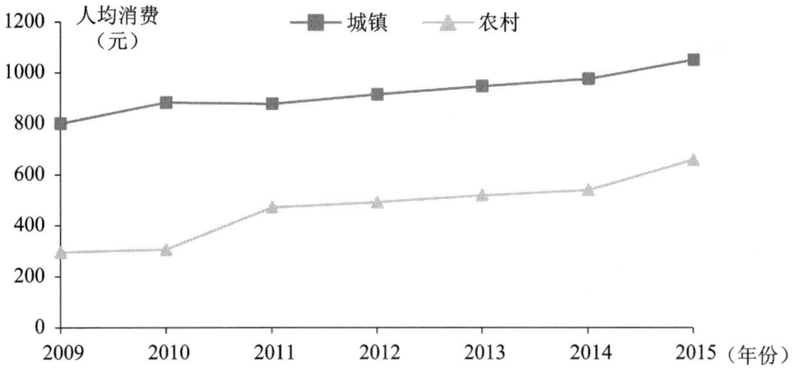

图 2－3 城镇和农村居民国内旅游人均消费情况

数据来源：历年《旅游抽样调查统计》。

2. 团散结构

近年来，国内旅游市场团散结构发生了一些新的特征。随着游客消费习惯的变化和出行条件的改善，旅行社组织的团队旅游市场不断萎缩，而散客市场迅猛增长。2010～2015 年的旅游抽样调查资料数据表明，我国国内旅游人数大幅增长，其中旅行社组织的旅游人数增幅较小。2010 年的数据旅行社组织的旅游人数为 1.2 亿人次，占国内旅游总人数的 5.7%；2015 年的数据旅行社组织出游人数为 1.31 亿人次，占国内旅游总人数已降至 4.1%（见图 2－4）。

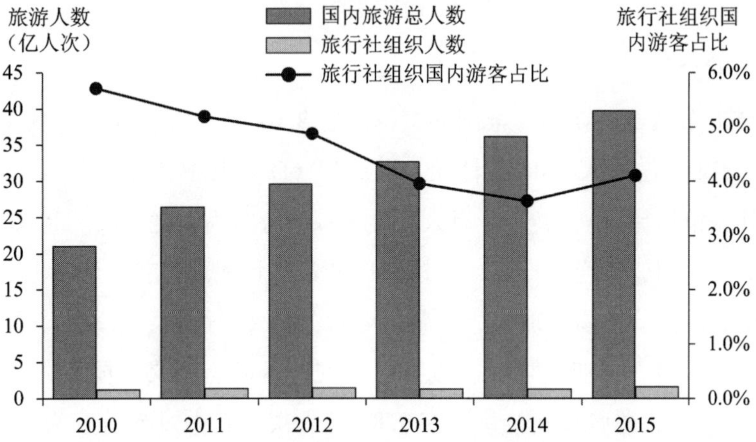

图 2－4 旅行社组织国内旅游人数及占比

数据来源：历年《旅游抽样调查资料》。

3. 旅游消费构成

根据2015年国内游客调查资料，国内游客出游花费中景点门票、餐饮及购物仍然是主要消费项目；游客在交通上花费占比12.6%，与2014年的数据相比有较大幅度下降；住宿、文化娱乐等方面的支出与2014年基本相当，仍然是国内游客消费中占比较少的项目（见图2-5）。

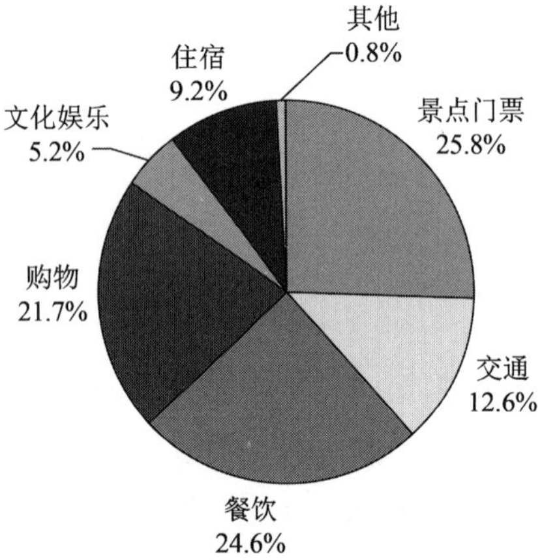

图2-5　国内游客花费构成

（三）黄金周旅游概况

1. 春节黄金周

2015年春节黄金周期间，全国共接待游客2.61亿人次，同比增长12.9%（见图2-6）；实现旅游收入1448.3亿元，增长14.6%。其中，过夜游客（仅限于住在宾馆饭店和旅馆招待所）为6150万人次，一日游游客为2亿人次。北京、天津、承德、秦皇岛、沈阳、大连、长春、吉林、哈尔滨、上海、南京、无锡、苏州、杭州、宁波、黄山、厦门、南昌、瑞金、青岛、洛阳、武汉、长沙、张家界、韶山、广州、深圳、桂林、海口、三亚、重庆、成都、广安、贵阳、遵义、昆明、西安、延安、银川等39个重点旅游城市共接待游客9283万人次，其中过夜游客为1600万人次，一日游游客为7683万人次。

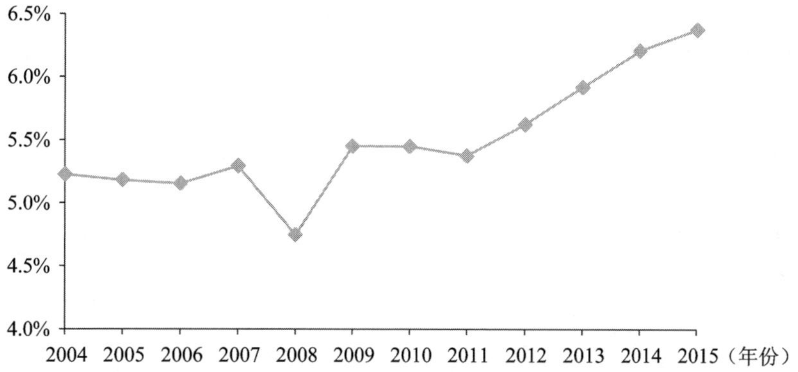

图 2-6 2004~2015 年春节黄金周游客接待量占全年接待量的比例

数据来源：根据国家旅游局历年发布的春节旅游相关数据整理而得。

2004 年以来，春节黄金周接待游客占全年接待量的比例呈稳步增长趋势（除 2008 年外）。其中，一日游游客占比达 70% 以上，尤其是 2004~2009 年这一比例逐年上升，2010 年以来一日游游客占比整体维持在 76% 以上的高位水平，而过夜游游客占比基本维持将近 24% 的水平（见图 2-7）。

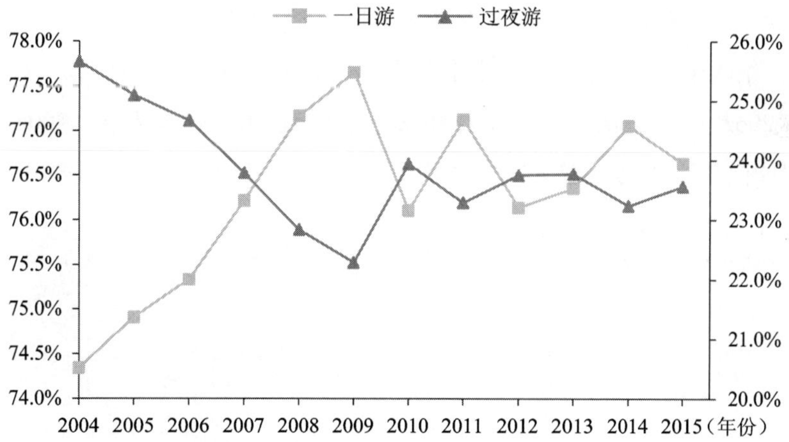

图 2-7 2004~2015 年春节黄金周接待一日游及过夜游游客占比

数据来源：根据国家旅游局历年发布的春节旅游相关数据整理而得。

2004 年以来，春节黄金周期间旅游收入呈现逐年增长态势（2008 年除外），尤其是 2008 年以后一直保持较高增长速度。人均花费总体上也保持了增长趋势，但波动相对较大（见图 2-8）。

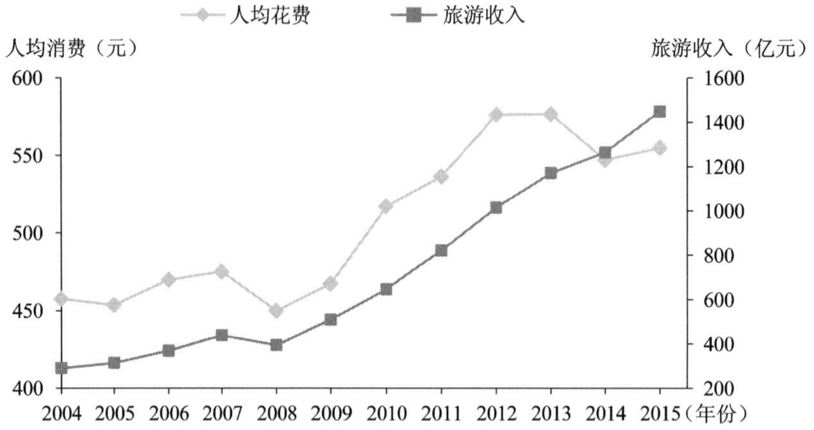

图 2-8　2004~2015 年春节黄金周游客人均消费与旅游收入

数据来源：根据国家旅游局历年发布的春节旅游相关数据整理而得。

2. 国庆黄金周

2015 年国庆黄金周期间，全国共接待游客 5.26 亿人次，同比增长 10.7%；实现旅游收入 4213 亿元，增长 17.9%。其中，过夜游客（仅限于住在宾馆饭店和旅馆招待所）为 1.14 亿人次，同比增长 14.7%；一日游游客为 4.12 亿人次，同比增长 9.8%。纳入全国假日旅游统计预报体系的 125 个旅游景区（点），国庆黄金周期间共接待 2962.17 万人次，门票收入 15.88 亿元。从历年数据来看，2004 年以来国庆黄金周期间旅游人数呈稳步上升态势，其中，一日游游客人数仍然是主体，达 75% 左右（见图 2-9）。

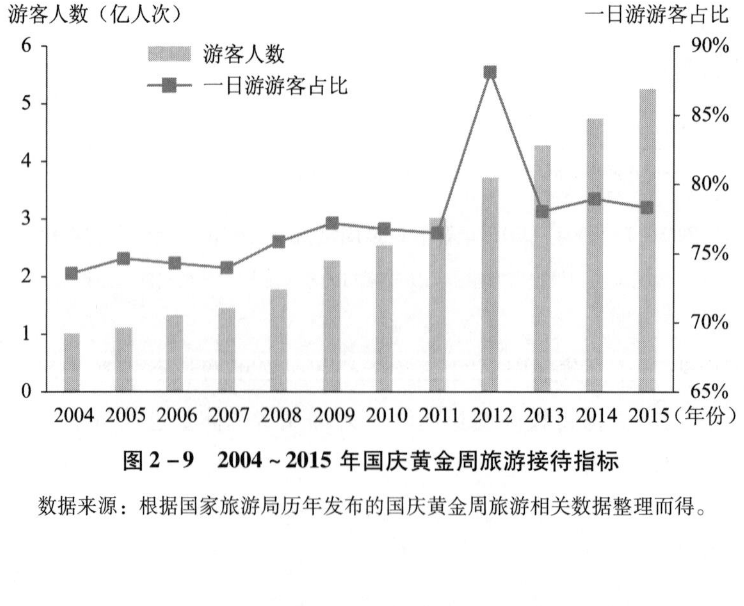

图 2-9　2004~2015 年国庆黄金周旅游接待指标

数据来源：根据国家旅游局历年发布的国庆黄金周旅游相关数据整理而得。

（四）旅游市场新需求

1. 高铁旅游

高铁作为我国交通基础设施的重要组成部分，对旅游经济的带动作用日益彰显。全国1.7万多公里的高铁网络正在影响我国旅游业的空间格局。随着我国高铁线路的不断建成和运营，在乘坐高铁便捷出行的刺激下，高铁旅游成为新的出游趋势。广西贺州地处湘、粤、桂三省交界处，是桂林与珠江三角洲黄金旅游线上的重要中转点。2014年年底贵广高铁开通之后，贺州加速融入珠三角、桂林“一小时旅游圈”。2015年上半年，贺州市接待游客650.48万人次，同比增长21.77%。其中接待国内旅游者634.75万人次，同比增长22.07%；接待入境过夜旅游者15.74万人次，同比增长10.27%；实现旅游总收入69.13亿元，同比增长24.33%①。与自驾车相比，高铁具有经济、高效、安全、便捷以及受极端天气等不稳定因素影响较小等优势，高铁带来的交通便利将不断推动新的游客流动空间和时间呈现。

2. 私人定制游

随着互联网的全面普及，个性化强、组合灵活的私人定制旅游产品逐渐取代传统的包价旅游产品，受到越来越多的游客青睐。私人定制旅游产品是以旅游者为主导，按照一定需求进行的旅游行动流程设计，为客户提供“一对一”的旅行专属服务。私人定制游客户并不需要对目的地有太多的了解，甚至可以不明确目的地，创意定制的服务机构了解出行人的兴趣爱好和预算等个体特征，即可为出行人创造出一系列极具特色的创意行程。如针对喜欢冒险的游客，设计出“007新邦德角色真实体验”之旅；针对单身出行的男女，设计出“莎翁式英伦浪漫交友之旅”；针对全家出行的群体，设计出“爸爸去哪儿之英国站的亲子行程”。途牛旅游于2012年进入定制游市场，当年定制游销售额就达到1.5亿元，2013年增加到2.9亿元，2014年达到5.2亿元。2015年1~11月，途牛旅游定制游销售额达8.3亿元，同比增长59.9%。在散客化时代，游客对个性化、差异化旅游产品的诉求逐

---

① 数据来源：http://www.china.com.cn/travel/txt/2015-08/15/content_36312902.htm

步提高。个性定制的行程能够契合旅游者的个性化、差异化需求，受到越来越多游客的青睐。

3. 医疗旅游

近年来，随着居民健康意识的增强和收入水平的提高，医疗旅游作为一种新型的旅游产品，呈现井喷式发展态势。2013年9月国务院出台的《促进健康服务业发展若干意见》，指导中国实现医疗、旅游、金融等跨行业融合，推动中国医疗旅游事业健康向前发展，是中国健康医疗服务的一个转折性里程碑。海南、广东、北京、四川等省市在全国范围内率先探索医疗旅游发展。海南省提出了打造国家级中医康复保健旅游示范基地计划，开始建设国际科学养生岛。但总体来看，中国医疗旅游的发展仍处于起步阶段。目前，我国医疗旅游仍是小众市场（约占市场总量的1.8%），但增长速度很快（约为20%），而且中国游客更倾向于境外医疗旅游。2015年我国约有1万人次赴海外就医，人均花费15万美元；而赴韩国整容的游客则超过6万人次。

4. 家庭游

随着“80后”成为旅游出行的主力军，这类人群所热衷的家庭游、亲子游快速增长。近年来，国庆期间情侣举行蜜月和婚礼渐渐成为潮流，情侣党和夫妻党成为国庆出游人群中不可缺少的部分。特别是在海岛游中，情侣和夫妻占比超过了70%。家庭游方面，因中秋节的缘故，不少游客选择带上家人一边旅游一边过节，家庭出游人群稳步增长。根据蚂蚁短租网站国庆黄金周前的调查显示，有81%的人愿意与家人一起出游，计划带孩子出游的家庭高达71.6%，还有一部分单身的“80后”也有意愿带父母出游。《2015中国游客十一自由行消费行为报告》显示，举家自由行是中国自由行用户出行的一大显著特征。出游者人数超过3人（含3人）的订单超过74%，其中有近36%的订单出游人数为5人以上，4%的订单出游人数达10人以上。

二、2016 年旅游需求新趋势

（一）2016 年旅游需求预测

基于历史数据以及 2015 年的旅游市场状况，参考国际货币基金组织、世界银行等权威机构对 2016 年我国和世界经济的判断，我们对 2016 年我国旅游业三大市场需求主要指标进行了预测。预计，在不发生重大突发事件和大范围长时间极端天气等的影响下，2016 年我国旅游业总体仍将保持平稳增长。国内旅游持续增长，出境旅游保持快速增长但增速有所下降，入境旅游有望企稳回暖（见表 2 -2）。

表 2 -2　2016 年我国旅游市场需求预测

主要指标	预测值	同比增长（%）
国内旅游人数	43.5 亿人次	9.8
国内旅游收入	3.87 万亿元	13.0
入境旅游人数	1.38 亿人次	4.0
入境旅游收入	1282 亿美元	9.0
出境旅游人数	1.33 亿人次	11.5
接待总人数	44.9 亿人次	9.4
旅游总收入	4.67 万亿元	12.0

（二）居民出游意愿及出游行为变化

1. 居民出游意愿强烈，近郊游需求旺盛

根据中国旅游研究院开展的大陆居民出游意愿调查，2015 年我国居民出游意愿较 2014 年有所提高，总体上保持在 80% 左右的水平（见图 2 -10）。其中，第二季度居民出游意愿为 80.28%，较 2014 年同期上升 1.6 个百分点。第三季度居民出游

意愿为81.85%，较2014年同期略有上升。第四季度居民出游意愿为78.38%，较2014年同期上升1.86个百分点。预计2016年，随着各部门推动旅游业发展相关政策效应的进一步显现，居民旅游需求将进一步释放，居民出游意愿将继续保持较高水平。

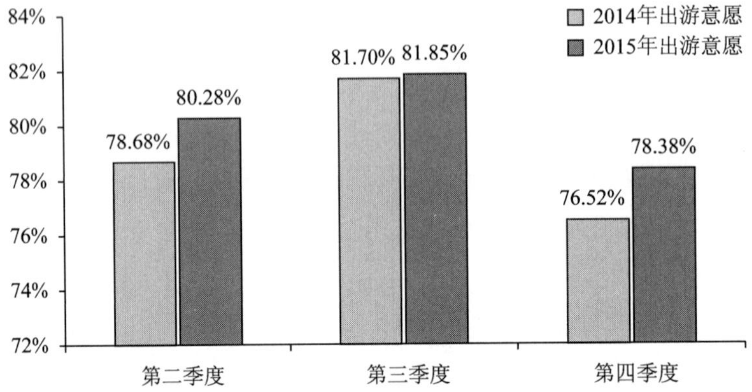

图2－10　2014年与2015年大陆居民出游意愿比较

出游地点方面，大多数居民倾向于选择国内跨省市旅游（占比63.56%），其次是近郊旅游（占比42.28%），选择港澳台（大多选择香港）和出国旅游（大多选择日韩、新马泰和美国）的基本相当（见图2－11）。在现行的假日制度安排下，旅游需求集中释放使得旅游供给和需求之间的时空矛盾凸显，限制了国内跨省市旅游需求的充分释放，利用周末闲暇时间开展的近郊游将继续受到广大居民的青睐。

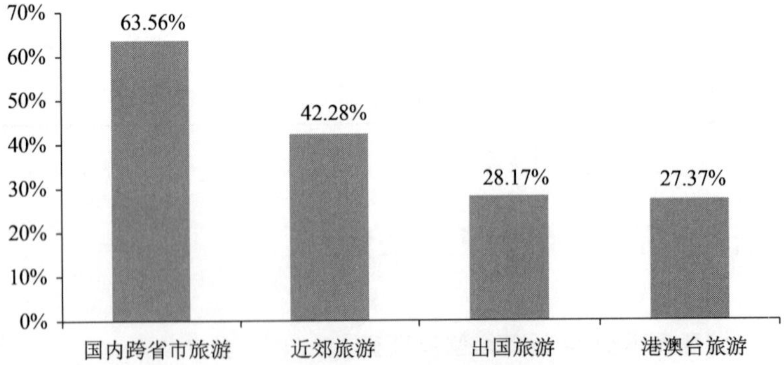

图2－11　游客旅游地点选择情况

2. **度假休闲和观光游成为主体，“轻旅行”成为新热点**

调查显示，居民出游呈现明显的偏好差异。从出游目的看，度假休闲（71.17%）和观光、增长见识（63.30%）是居民出游的最主要目的（见图2-12）；出游时间方面，选择2~7天内往返的占多数（占比72.79%），出游高峰集中在五一、清明、端午以及国庆黄金周、春节期间；在各类景区中，自然风景区（选择比例达60.95%）最受游客青睐，其次是名胜古迹类景区（21.82%）（见图2-13）；“轻旅行”“拼家团”等以“不早起、不赶路、不频繁换酒店、行程每一站预留相对充裕自由活动时间”为特点的新产品和“私人定制”产品大受欢迎。

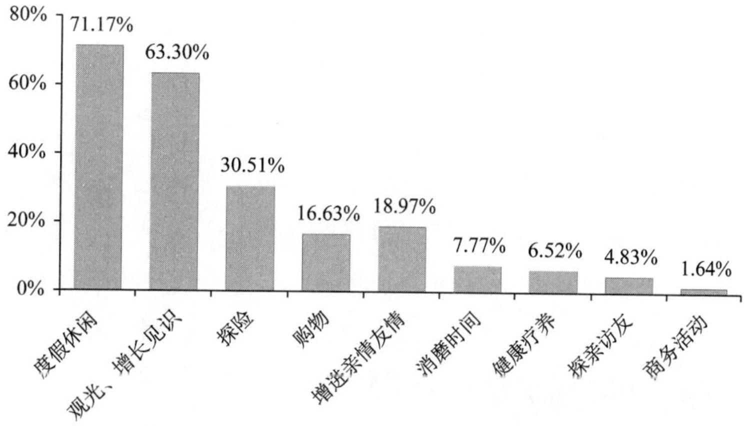

图2-12　2015年前三季度居民出游目的

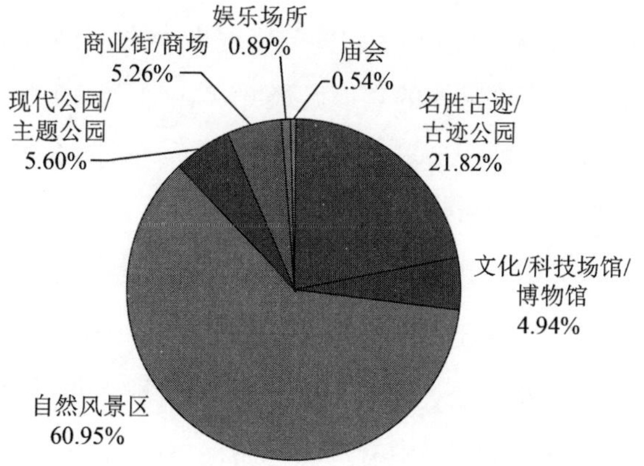

图2-13　游客景点类型选择情况

3. 自助游成为主流，自驾游持续升温

在出游方式上，选择自己组织和单独出游的占 65.40%，而选择参加旅行团出游的仅占 29.00%；出游同伴选择方面，家人和好友成为主要同伴，59.32% 的居民选择与家人一起出游，29.54% 的居民选择与好友结伴出游；火车是首选的交通方式（30.15%），其次是飞机（29.27%），而选择自驾出游的仅占 21.15%；经济型酒店依然最受欢迎，其次是中等价位（二、三星级）酒店，选择这两类酒店的合计占比达 82.76%，选择豪华酒店（四星级以上）的只有 11.45%。

4. 互联网是获取信息的主要渠道，移动端预订成为主流

在具有出游意愿的居民中，居民获取旅游信息的主要渠道是互联网和亲朋好友介绍，86.77% 的居民选择从互联网获取旅游相关信息，52.72% 的居民选择从亲朋好友处获取旅游相关信息；居民最希望获取有关旅游目的地和旅游线路方面的相关信息（73.08%），其次是景区、住宿和交通价格信息（70.37%）；移动端预订量增速迅猛，旅游出行预订向移动端转移的趋势更加明显，移动端已成为旅游预订的主流渠道。

（三）2016 年旅游需求发展的机遇与挑战

1. 主要机遇

（1）国际经济温和复苏，国内经济有望企稳

2015 年 10 月 6 日，国际货币基金组织发布《世界经济展望》报告，指出世界经济走出战后范围最广、程度最深的衰退已经 6 年，但不确定性和复杂的因素正在对全球经济增长产生不利影响，世界经济依然面临下行风险。2015 年以来，以美国为首的发达经济体温和复苏，但新兴市场和发展中经济体的增长继续放缓，世界经济仍处于阶段性筑底、蓄势上升的整固阶段。国际货币基金组织预测，2016 年全球经济总体持续温和复苏，全球经济增长将由 2015 年的 3.1% 上升至 3.6%。

从国内情况来看，中国仍处在结构调整的关键阶段。虽然经济增速略有回落，但是总体平稳的基本面没有变，稳中有进、稳中向好的态势没有变，经济运行仍在合理区间。中国经济增长动力仍足，虽然工业增速在下滑，但是服务业发展在加快。

从拉动经济增长的“三驾马车”来看，尽管投资、出口增速在回落，但是消费增长较为稳健。另外，中国政府加快改革创新，推动“大众创业、万众创新”，新产业、新业态、新产品、新模式正在加快孕育成长，为中国经济增长带来了新的动力来源。

（2）居民收入稳定增长，旅游消费基础稳固

2015 年以来，在宏观政策“稳中求进、改革创新”的总基调下，我国经济增速进一步放缓，但是经济增长更加注重“质量”的改善。2015 年第三季度，居民人均可支配收入增长 9.2%，居民收入仍保持较快增长，旅游消费基础更加稳固。全国居民出游意愿调查结果显示，2015 年居民出游意愿较 2014 年有所提高，旅游消费意愿保持较高水平，居民旅游消费需求十分旺盛。2015 年国庆假日期间，居民出游热情高涨，旅游消费集中释放。全国共接待游客 5.26 亿人次，同比增长 10.7%；实现旅游收入 4213 亿元，同比增长 17.9%。城市休闲、乡村旅游、文化旅游、红色旅游最受欢迎，自驾游、自由行成为主流。

（3）政策红利不断释放，旅游经济后劲充足

随着中国经济发展进入新常态，旅游业在推动发展方式转变和产业转型升级中的作用日益突出，扩大旅游消费需求被放到更加重要的位置，促进旅游业发展的政策力度进一步加大。国务院办公厅于 2015 年 1 月印发的《〈国务院关于促进旅游业改革发展的若干意见〉任务分解表》为旅游业改革发展制定了明确的路线图和时间表；“515”战略的贯彻落实和《旅游服务质量“万名社会监督员”工作方案》《国家旅游局关于游客不文明行为记录管理暂行办法》《国务院办公厅关于进一步促进旅游投资和消费的若干意见》《国家旅游局关于实施“旅游 + 互联网”行动计划的通知》的相继出台将不断推动旅游消费升级和旅游业转型；“大众创业、万众创新”国家战略的实施将有力地推动旅游领域的创业创新；配合国家三大战略编制的“一带一路”，京津冀、长江经济带以及浙闽赣皖、粤港澳等旅游经济圈规划将进一步推进区域旅游一体化进程，并带动旅游企业“走出去”。政策红利的不断释放增强了旅游经济发展的后劲。

2. 主要挑战

（1）旅游供求矛盾突出，不能有效满足市场需求

当前，我国旅游需求快速增长，模仿型、排浪式消费阶段基本结束，消费分层

明显加速，个性化、多样化、散客化、自助化旅游消费渐成主流，传统的观光旅游正在向观光、度假复合型转变，乡村旅游、研学旅行、医疗健康旅游、自驾车旅游、邮轮游艇旅游等已然兴起。然而，旅游市场供给依然没有摆脱过度依赖自然资源、历史文化和资本要素的粗放式发展模式，旅游市场供给优化调整跟不上旅游消费需求升级换代的步伐，旅游产品和服务难以满足和适应新的旅游消费需求，旅游供求矛盾十分突出。如何准确把握大众旅游由初级阶段向中高级阶段演化的阶段特征，从需求与供给两方面深化体制机制改革和创新，平衡旅游市场供求，是推动我国旅游业健康发展所面临的重要挑战。

（2）消费升级尚待培育，专项旅游产品政策扶持力度有待加强

2015 年以来，作为国家重点培育的六大消费领域之一，旅游消费“逆势上扬”，成为拉动我国经济增长的新引擎。当前，在聚焦居民个性化、多样化旅游消费需求，通过综合性政策设计调动市场力量增加有效供给，促进旅游消费扩大和升级方面还有很多工作要做。例如，入境旅游发展中的 72 小时免签政策的配套措施建设方面仍有优化空间；面向国内旅游市场的具有较大发展潜力的乡村旅游、研学旅游、老年旅游、扶贫旅游、邮轮游艇旅游等专项旅游产品政策扶持力度不够。

（3）入境旅游市场的周边地区竞争压力持续加大

当前，全球经济复苏面临的不确定性因素较多，发达经济体经济复苏依然疲弱，新兴经济体动荡加剧，全球经济复苏格局分化明显。此外，全球地缘政治风险已进入高发期，全球恐怖主义事件频发，美国于 2015 年 11 月 23 日发布了长达三个月的全球旅游警示。这些不确定性、不稳定因素使得全球旅游业增长面临较大压力，我国入境市场持续增长的基础仍不稳固。为了提振经济，全世界多个国家纷纷推出促进旅游业发展的有关举措，特别是日本、韩国、泰国等周边国家出台了多项措施吸引国际游客，与我国展开国际客源争夺大战，给我国入境旅游的发展带来了较大的竞争压力。

三、对策建议

展望 2016 年，通过进一步推动“大众创业、万众创新”，释放新需求，创造新

供给，加速经济转型升级，促进经济提质增效，我国宏观经济将继续保持稳中有进、稳中向好的基本态势。政府有关部门应将“鼓励创业创新、优化旅游供给结构，把握市场需求、培育旅游消费热点，优化消费环境，激发旅游消费热情，创新营销模式、促进入境旅游增长”作为工作的着力点。

（一）鼓励创业创新，优化旅游供给结构

大力营造有利于面向散客市场和本地人服务的商业创新环境，依托“515”国家旅游发展战略，营造鼓励创业创新的社会氛围，鼓励运用互联网、大数据和云计算等新技术、新手段进行商业模式和经营管理模式创新，扶持和培育旅游新业态，开发和推出旅游新产品，促进旅游产品升级，完善旅游产品体系，优化旅游供给结构，增加有效旅游供给，适应并引领旅游消费需求。

（二）把握市场需求，培育旅游消费热点

在系统分析和准确把握个性化、多样化旅游消费需求的基础上，深入挖掘旅游消费新热点，加强旅游投资和消费的分类指导，大力促进自驾车房车营地、邮轮母港、特色旅游城镇、度假区和国民休闲设施建设，开辟旅游消费新领域，积极培育乡村旅游、研学旅行、自驾车旅游、养老旅游、中医药健康旅游、邮轮游艇旅游、低空飞行旅游等新的旅游消费热点，促进旅游消费升级。

（三）优化消费环境，激发旅游消费热情

旅游消费是新常态下经济增长的新引擎。积极推动《国务院关于促进旅游业改革发展的若干意见》、“515”战略以及《国务院办公厅关于进一步促进旅游投资和消费的若干意见》等既有政策落实，优化和落实带薪休假制度，推进以国人离境免税和降低国内消费税为核心的综合性政策设计，着力改善旅游消费软环境，大力加强游客咨询中心、集散中心、连通景区道路、停车场以及旅游厕所建设，优先启动农村居民、退休人员、青少年研学旅游等潜在市场，进一步放宽西藏、新疆等限制

地区进入限制，力促国际国内商务旅行和会议奖励旅游市场发展，不断激发旅游消费热情。

（四）开展精准营销，巩固入境旅游增长基础

当前，旅游者出行前使用互联网和移动端搜索的旅游相关信息对其出游决策、旅游内容和旅游行为的影响日益提高。适应这一新趋势和新特点，需要不断创新我国旅游海外营销模式，充分利用大数据技术深入挖掘旅游者的消费习惯和行为特点，进行精准营销；要加大在海外主流社交媒体（包括但不限于Facebook、Twitter、YouTube）推广力度，配合事件营销，增强我国旅游目的地的品牌认知度和国际影响力，促进我国入境旅游持续增长。

第三章

旅游产业运行态势与投资分析

2015年，我国旅游产业运行保持在“较为景气”区间，为近三年来的最高水平。旅游住宿业、旅游服务业、旅游景区等产业已经成为创业创新最活跃的领域，社会投资增长迅速，战略性投资日益显著。展望2016年，旅游企业家信心指数较高，企业投资活跃，在资本、技术和人才等产业要素日益完善的推动下，旅游产业体系的创新与融合将不断扩大和深化。

一、2015年旅游产业运行分析

（一）总体运行

2015年第一至第三季度企业家对旅游产业总体运行的评价景气值分别为130.8、123.5和125.8，处于“较为景气”区间，表明企业家认为旅游产业总体运行良好（见图3－1）。

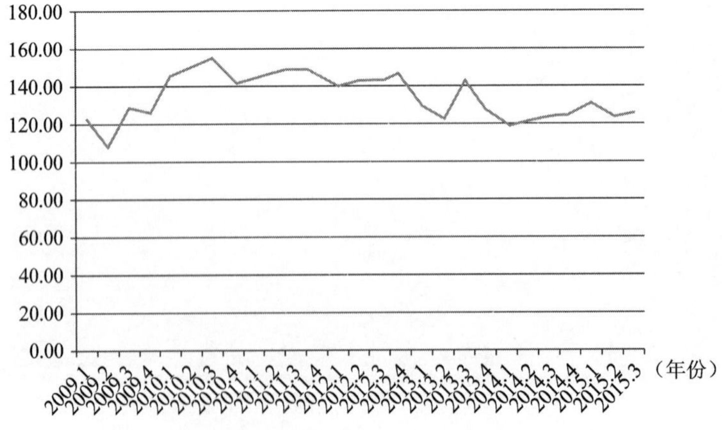

图3－1　旅游产业季度景气指数

2015 年第一至第三季度，我国旅游企业经营层面的景气也处于“较为景气”区间。企业家对企业层面的经营管理评价景气值分别为 128. 8、129. 4、146. 6，表明微观层面的运行情况也较好（见图 3－2）。

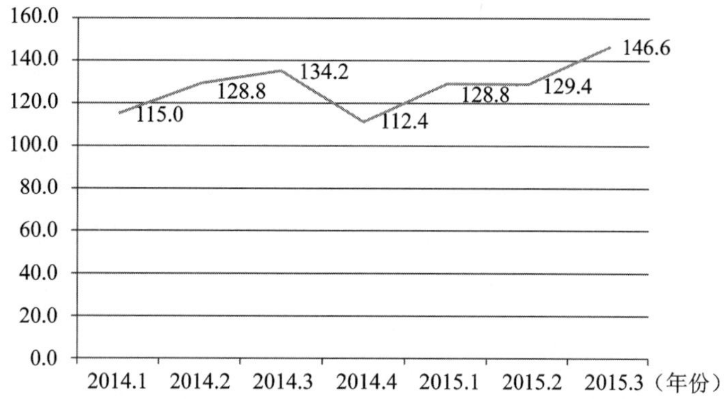

图 3－2 2014 年第一季度至 2015 年第三季度旅游企业经营景气指数

从旅游产业运行相关指标来看，2015 年第一至第三季度各指标景气值总体相对较高。监测数据显示，预订人数、接待人数和投资增加是景气提升的主要原因，而利润、从业人员、价格等指标的景气相对较低（见图 3－3）。

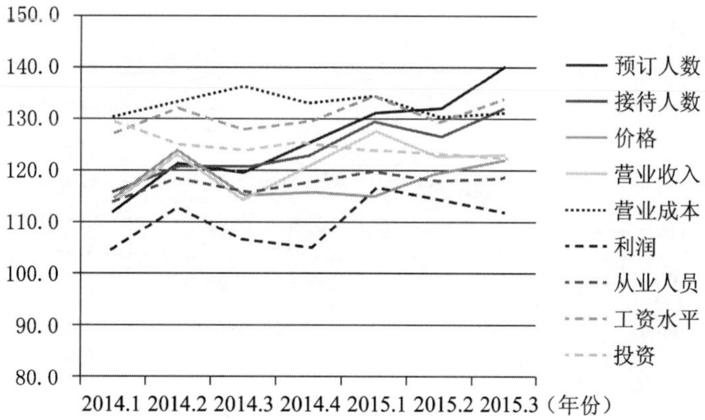

图 3－3 2014 年第一季度至 2015 年第三季度旅游产业运行指标景气值

（二）分业态的景气运行分析

从饭店、旅行社、景区、集团等不同类型的业态来看，景区和旅游新兴业态景气值持续较高，旅行社景气水平回升较快。得益于预订人数和接待人数指标的增长，饭店业在 2015 年第三季度景气值回升明显。综合企业则由于营业收入指标和投资指标下滑，2015 年第三季度景气水平降幅较大（见图 3－4）。

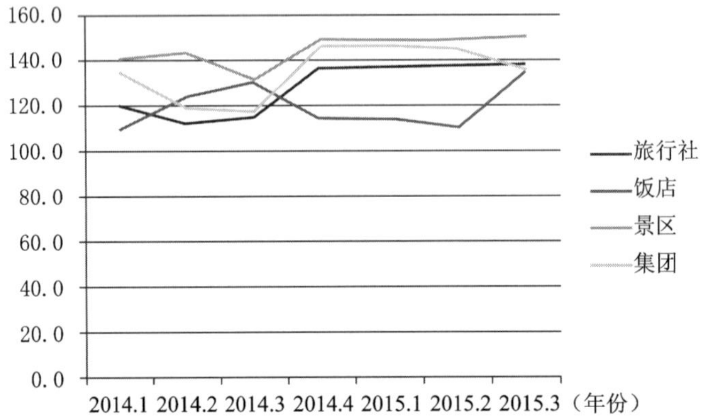

图 3－4　2014 年第一季度至 2015 年第三季度旅游各产业运行景气值

2015 年第一至第三季度，饭店行业景气值相对较低。其利润、价格、从业人员和营业收入等指标相对不景气，而预订、接待人数、工资水平和投资等指标景气值相对较高，说明饭店产业规模扩张，但绩效相对较低（见图 3－5）。

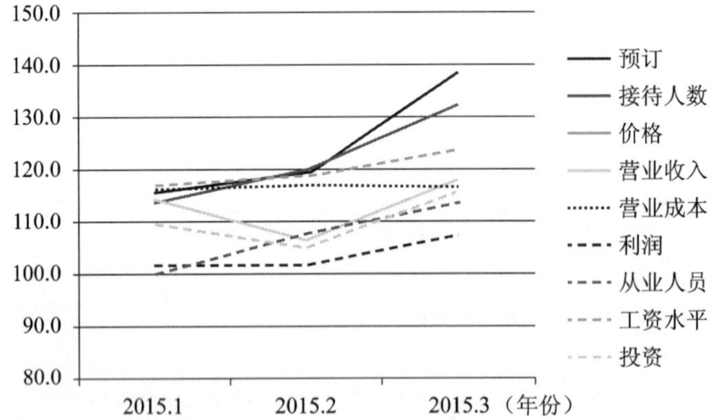

图 3－5　2015 年第一至第三季度饭店产业运行指标景气值

旅行社行业 2015 年第一至第三季度景气值也相对较低，但高于饭店产业。利润、价格、从业人员等指标的景气值相对较低，营业收入、工资水平、接待人数等指标的景气值相对较高。说明旅行社的规模有所扩张，总体仍处于简单、粗放的发展阶段（见图3－6）。

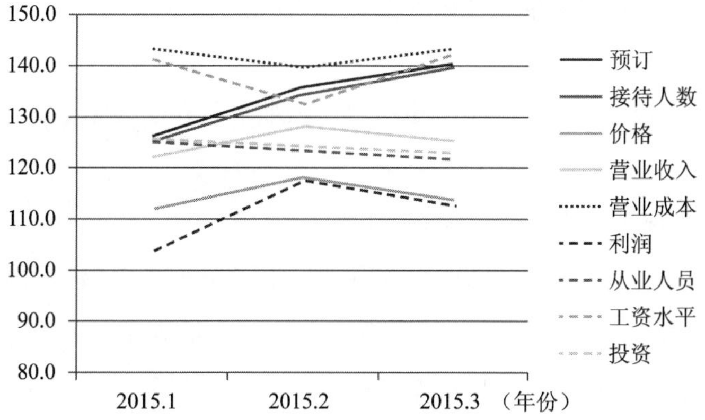

图3－6 2015年第一至第三季度旅行社产业运行指标景气值

景区前三季度景气值总体高于其他各业态，其接待人数、预订、工资水平等指标景气值较高，但价格、利润、从业人员、投资等指标较低。说明2015年景区接待规模有所增长，但受价格限制、经营水平等影响，绩效方面的指标却相对较低（见图3－7）。

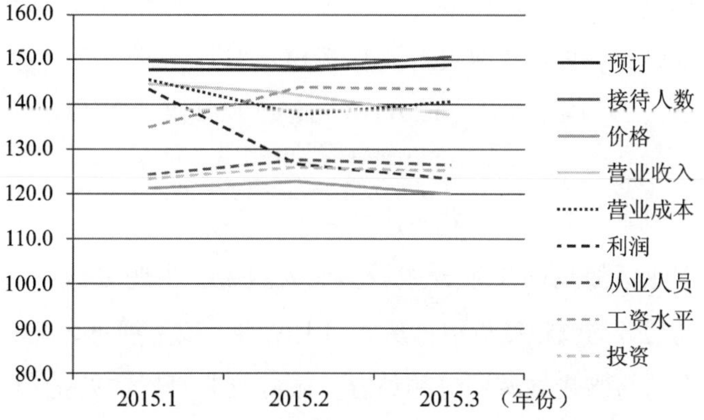

图3－7 2015年第一至第三季度景区产业运行指标景气值

二、旅游已经成为创业创新最为活跃的领域之一

在国民经济结构转型升级的历史背景下，旅游业在国家经济社会发展中的战略性地位持续提升，在人才、资本和技术新型变革要素的驱动下，旅游作为继互联网

金融、医疗和环保之外最活跃的产业板块，已经成为创业创新最为活跃的领域之一，呈现“大众创业，万众创新”的蓬勃景象。

（一）旅游业呈现“大众创业、万众创新”的蓬勃景象

1. 旅游产业迎来创业创新的政策红利期

2015年3月5日，李克强总理在政府工作报告中正式提出“互联网+”计划，将互联网概念推向了一个新高度，旅游业乘势而起，借力互联网，不断改写传统旅游格局。在政府工作报告中，李克强总理38次提到“创新”，13次提到“创业”，2次提到“大众创业，万众创新”，更提出“打造大众创业、万众创新和增加公共产品、公共服务‘双引擎’，推动发展调速不减势、量增质更优，实现中国经济提质增效升级”。

旅游业受到创新创业政策扶持，发展空间巨大，其中在线旅游作为“互联网+旅游”的现实结合体，迅速颠覆传统旅游业的格局，持续推动传统产业的转型升级。根据EnfoDesk易观智库发布的《中国在线旅游市场趋势预测2014~2017》数据显示，中国在线旅游市场交易规模未来几年将保持稳定增长，2015年将达到3523.8亿元人民币，环比增长25.9%，预计到2017年市场交易规模达到4983.4亿元人民币。

2. 旅游企业创业创新呈现百花齐放景象

旅游企业创业更加趋向于细分领域。如周边游、主题公园、精品酒店、行业B2B等，对市场切分的颗粒度更细；从方向上来看，线上线下企业相向融合，例如携程与途风、众信与悠哉旅游网等的结合，旅游行业对资源的把控重视程度更高；从投资热度上看，投资泡沫已经明显，创业公司普遍估值过高，既高于历史以往价格，也高于其他领域的投资价格。

大型旅游集团业务转向纵深化发展。2015年3月，A股上市公司中青旅发布“遨游网+”战略计划；旅游社交网站蚂蜂窝宣布实施大数据反向C2B创新战略，通过UGC渗透旅游交易环节；阿里巴巴正式发布“未来酒店”战略。

新兴创业类公司持续快速涌现。截至2015年一季度，已经成立并发布融资需求计划的企业超过800家。整个旅游产业呈现欣欣向荣、百舸争流的局面，大企业积极竞

争，孵化并购，小企业深耕细作，百花齐放，进入了创业创新的高峰期。

3. 旅游业进入战略投资者的并购高峰期

除了独立的创业公司，旅游业的战略投资者也加快了并购整合的步伐，通过战略并购，将创新和创业企业纳入旗下，携程、众信、去哪儿网、腾邦国际都明确提出了通过战略投资建立旅游生态圈的设想。在旅游业战略布局方面，携程从 2013 年开始启动了密集的战略投资计划，在用车方面投资了易到用车、一嗨租车，在目的地方面战略收购途风，战略入股了同程、途牛、华远国旅。2015 年 5 月，携程宣布 4 亿美元收购 Expedia 公司所持有的艺龙股份，成为艺龙的最大股东。2015 年 6 月 1 日，携程获得 Priceline 集团 2. 5 亿美元的进一步投资。目前，携程已经在整个旅游产业广泛布局，生态圈初步形成，俨然形成除 BAT 以外的另一巨头。

2015 年，除了携程之外，去哪儿网于 6 月 2 日宣布获得由银湖投资集团领投的 5 亿美元的战略投资；途牛于 5 月 9 日和 11 月 23 日分别接受京东 3. 5 亿美元和海航 5 亿美元的战略投资；同程 7 月 3 日宣布接受万达文化集团领投的超 60 亿元人民币的战略投资；2014 年 3 月，探路者正式以 2. 3 亿元控股旅行社渠道运营商易游天下；众信旅游于 2014 年 9 月 26 日复牌后宣布收购竹园国旅 70% 股权、6000 万元人民币整合悠哉旅行网等都成为战略投资领域浓墨重彩的篇章。这些密集的战略投资举措掀起了产业整合的高峰。

（二）技术、资本和人才成为旅游业创业创新的新要素

1. 移动互联网革命主导旅游产业转型

自 2006 年以来，旅游行业经历了互联网化和移动互联网化两大浪潮。新的技术浪潮推动着旅游行业的快速迭代更新，竞争形势急剧变化。在动态的环境中，创新性企业紧跟技术浪潮，实现了对原有商业模式的更新、改进与替代，从而成为行业的领跑者与资本的新宠儿。移动互联网的迅速普及，加速了移动互联网在旅游行业的快速发展和应用渗透，移动互联网已经成为业内公认的巨大产业机遇，为旅游企业的转型提供了契机。目前，传统旅游企业和互联网公司都全力进军无线旅游，抢占无线旅游业务的制高点。

利用移动互联网或无线客户终端设备可以使游客更加快捷、便利地获知相关的旅游信息。更有意义的是移动互联网快速发展带来受众媒体接收习惯发生变化，移动化、位置化、个性化、自服务成为用户消费需求新趋势。通过对移动终端的定位，运营商可以为旅游者提供基于位置的服务（LBS），例如为旅游者和外地车辆提供基于地图的导航；当旅游者在城市观光游览时，为其提供到达目的地的最佳路径选择；基于位置的信息发布和基于位置的各种旅游产品（如餐厅、KTV、景点等）的推荐服务；还可以为旅游者提供旅游交友平台和安全救援服务。

各种旅游资源与信息技术紧密结合，尤其是与移动互联网相关技术的结合，创造出新的产品形态、新的生产方式和新的消费模式，加速了产业融合的进程，创造出巨大的经济和社会价值。

2. 风险资本成为产业创新的助推器

随着旅游行业的竞争越来越激烈，资本已经成为极其重要的竞争要素。在企业不同生命周期与发展阶段，天使投资、风险投资及战略投资在不同程度上逐步成为商业模式创新及建构的重要推手，也形成了全新的经营逻辑及发展路径，为新经济发展及传统产业升级提供了助推力量。2011 年至 2014 年 9 月，在线旅游的融资事件分别为 16 起、23 起、68 起、85 起，投资金额也在成倍增长，2014 年 1 ~ 9 月的总投资额已近 120 亿元，全年融资额超过 190 亿元（见表 3 - 1）。旅游在资本的推动下也一路高歌。以旅行社行业为例，携程与中信联合控股华远旅游；途牛收购经典假期和中山国旅；万达旅业也加紧收购步伐。另外，其他旅游投资领域也多面开花，度假融资次数最多，攻略、酒店、OTA、境外游、周边游投资快速增长。

表 3 - 1　2010 ~ 2015 年国内在线旅游行业投资事件次数和金额

时间	投资事件次数（次）	融资金额（亿元）
2015 年第一至第三季度	—	450
2014 年	110	190
2013 年	68	50
2012 年	23	20
2011 年	16	60
2010 年	13	14

三、旅游投资开始全球化布局

2015 年以来，我国企业继续加快对外旅游投资的步伐，投资布局的全球化更加明显。据了解，2015 年上半年对外旅游投资事件为 19 余件起，涉及投资金额超过 51.3 亿美元，同比增长 43%。投资领域除了传统的酒店、景区等行业之外，在线旅游预订平台、旅游航线等增长较快。从空间布局看，除了传统的亚洲、欧洲等地区，北美、澳新和非洲等区域的投资明显增加，我国旅游投资的全球化布局已经初步形成。

（一）对外旅游投资的主要动力

出境旅游消费的持续稳定增长成为对外投资的重要推动力。当前，我国公民出境旅游消费的全球化趋势明显。2014 年，我国出境旅游人数达到 1.09 亿人次，同比增长 13%；2015 年上半年，出境旅游 6190 万人次，比 2014 年同期增长 16.0%，未来 10 年仍然处于高速增长的周期。当前我国出境旅游者已经遍布世界各大洲，其中非洲、南美洲、大洋洲等新兴远程市场增长较快。在出境旅游消费的带动下，我国对外旅游投资也呈现由近到远、由区域到全球、由单一产业跨境合作到全产业链国际化扩张的过程。

旅游产业和企业的自身发展需求也是推动对外投资的重要原因。一是中国旅游投资正处于“黄金时代”，增长势头强劲，大额资本流向大型旅游企业，对外投资水涨船高。据统计，2015 年上半年，全国完成旅游投资 3018 亿元，同比增长 28%，比第三产业投资增速高 16 个百分点，比全国固定资产投资速度高 17 个百分点。随着我国经济的全球影响力不断上升，特别是“一带一路”战略的实施，沿线旅游投资布局也成为关注焦点。二是旅游企业在国际竞争中迅速发展壮大，战略性资本运作增多。例如携程旅游集团 2014 年保持 2.43 亿元的净利润，主要得益于战略投资收益。一些具有互联网思维和国际视野的公司在资本力量的支持下，开始主动开展国际合作和迎接国际竞争，并不断创新商业模式、提升国际竞争力。我国广大旅游市场主体的成长，已经取得与国际同行并驾齐驱的地位。例如锦江集团通过海内外一系列并购，已经成为全球最大的酒店集团之一，甚至并购了欧洲最大的经济型酒店集团。去哪儿网访问流量超过国外最大的旅游社区网站，手机APP下载量也超过2亿，超过国外竞争对手。以至于业内流行一个说法，全球旅游市场只有两个，一个是中国市场，另一个是中国外面的市场。2015年，世界经济论坛发布的国际旅游竞争力报告中，我国排名跃升至第17位。三是企业“走出去”的意愿上升。除了服务消费者和促进企业发展的因素之外，国外经济下行压力也使资产价格相对较低，当地政府欢迎海外投资，资本看好当地旅游市场等也是重要推动因素。我国已经成为国际旅游业重要的消费者，同时也是国际旅游业重要的投资者。数据表明，我国涉旅企业投资已经占到国际酒店业投资的1/10。

（二）对外旅游投资的主体类型

我国对外旅游投资的主体，主要包括以下几种类型：

（1）金融资本

银联国际、国开行、兴业银行、安邦保险、北银消费公司、互联网金融公司如支付宝等，它们服务于消费者环球旅行的金融需求，推出银行刷卡、环球旅行卡、个人旅游贷款、旅行支票、互联网支付、旅行签证甚至提供旅行增值服务。中国工商银行行长易会满表示，国内金融机构可以为中国旅游企业“走出去”发挥保驾护航的作用。“我们为旅游业服务成立了专门的团队、形成专门的举措，创新专门的融资产品。2015年第一季度，工商银行对旅游业表里、表外融资总额已经超过3000亿元，而且也为锦江集团顺利收购欧洲最大的经济型酒店集团法国卢浮酒店和美国最大的独立酒店管理公司洲际集团都提供了并购顾问和融资服务，同时还完成了港中旅、华侨城境外债券的发行。”

（2）产业资本

国航、南航、东航、海航不断增加澳新、东非、南非等地旅游线路，并对国外航空公司、机场等开展并购。2015年3月，石基信息宣布拟以2500万欧元投资奥地利的酒店数字营销公司SnapShot Travel。近年来，复星国际有限公司则收购了地中海俱乐部，并入股托马斯·库克集团；万达16亿美元收购英国游艇制造商Sunseeker 后，又在伦敦黄金地带开发五星级酒店与酒店式公寓；绿地控股集团目前投资酒店逾 70 家，项目遍布 7 个国家，拥有各类客房 20000 间，酒店资产超过 200 亿元。

（3）旅游企业

如国旅集团在韩国庆南道投资度假区项目、柬埔寨免税店项目；携程旅游集团与国外旅游预订平台合作，收购欧洲的博物馆、艺术馆，开展全球酒店服务评级和认证；港中旅维景酒店公司收购基尤格林酒店集团等。

（4）中介机构

例如国内的旅游评价运营商在全球开展"满意中国""欢迎中国"等服务认证项目，并为旅游投资、零售等企业提供合作平台。

（5）企业联合体

主要表现为各大财团抱团出海，或各类企业合作投资。例如万向集团与凯悦酒店集团合作对美国酒店展开总计 10 亿美元的投资。此外，中国香港、中国澳门、中国台湾等地的企业也开展类似的投资活动，如 2014 年 6 月香港投资公司开源控股斥资 3.45 亿欧元买入法国巴黎香榭丽舍大街的唯一一家五星级酒店，即万豪酒店。总体看，对外旅游投资是以民营企业为主。

（三）对外投资主要领域

我国对外旅游投资的领域广泛，除了酒店、景区、航线、金融、分销渠道和旅游企业并购等领域以外，主要有：①旅行社组织的旅游团的消费需求。例如国旅、众信旅游等对外合作和项目投资主要聚集于满足旅游团行程安排，提供优质服务。②旅游交通服务。如民航投资的旅游线路，各大企业投资海外邮轮、房车等。近日，境外旅行专车服务公司"会玩旅行"获 Pre－A 轮 2000 万元融资，通过与境外连锁车行进行合作和在全球各地招聘司机，"会玩旅行"想打造一种境外旅行专车的全球模式。③优质旅游资源和酒店资产。一些全球知名旅游资源，如欧洲的城堡、文化馆，希腊、冰岛、韩国济州岛、日本北海道的旅游资源转让和项目开发，受到我国投资者关注。优质酒店资产特别是高端豪华酒店也是我国投资者首选，万达集团从 2.6 亿欧元收购马德里地标建筑西班牙大厦。在澳大利亚的大型酒店交易中，来自中国的投资占了60%以上。④旅游专项服务。例如央视、旅游卫视在国外的落地，苏宁投资日本旅游零售业，红马公司推出境外游定制采购，支付宝提供购物退税服务，中国旅游零售大会等专业机构更加面向全球同行。⑤环球旅行服务体系和旅游商业生态圈建设。覆盖当地特色活动、景区门票、当地参团、租车、接送机等主流旅游产品，以及签证、保险、电话上网卡、Wi-Fi等旅游必备的细项产品。例如2015年6月，复星集团收购加拿大太阳马戏团（Cirque de Soleil）25%的股权，从而与其他收购项目一起为我国中产阶级提供出境旅游的整套生活解决方案：住复星的房子，周末去看太阳马戏团的秀，度假选择地中海俱乐部，再为家人买一份复星的保险。此外，投资者也加强对具有全球旅游运营能力的企业的投资，例如2015年7月，众信旅游投资澳新运营商“行天下”54%股权。

（四）对外旅游投资的主要问题

当前我国对外旅游投资也存在不容忽视的问题。例如，目的地国家和地区对中文环境改善、银联服务、中文电视频道落地和相关标准等开放不够；目的地政府和社会存在偏见，对我国旅游投资制约较多，如中坤集团在冰岛、安邦保险在纽约的收购困难重重；单独投资较多，合作投资较少，不利于分散投资风险；主要是企业自发行为，没有形成明确的国家战略和“政府—行业—企业”的交流咨询平台，在主要的国际旅游投资组织如WTTC中的话语权不足，对现状、趋势和风险缺乏及时了解。

我国对外旅游投资的发展和变化，具有标志性的意义。当前，旅游投资已经成为对外投资最为活跃的领域之一，也是我国对外经济合作的重要内容之一。随着越来越多的企业将对外旅游投资提升到战略决策层面并推出一系列规划，我国对外旅游投资将在较长一段时期内保持快速增长的势头。据估计，2015年我国旅游行业的民营投资总额将较2014年的300亿美元再翻番，或超过600亿美元。2014年以来，万达集团投资25亿英镑在英国展开城市改造项目，主要投资万达具有智慧财产权的文化旅游类商业地产。万达还在瑞士达沃斯投资兴建酒店，预计2017年完工。按照万达集团的规划，未来8~10年，万达将在境外10个主要城市建立万达酒店，成立万达欧洲，同时进入印度等新兴市场。2015年8月，众信旅游合资设20亿元投资基金，聚焦与出境服务相关的上下游产业链标的企业/项目的投资机会，主要投资于出境旅游、商务会奖、游学及留学教育、移民置业、医疗体检、出境及海外金融、保险等领域的优质标的。

我国对外旅游投资的全球化发展，特别是对欧美发达国家的投资，对我国经济发展具有重要意义。①获得境外旅游资源资产、管理经验和专业技术，培养一批具有全球视野的旅游产业人才队伍；②推动企业跨国经营和发展，例如苏宁进军日本旅游零售业等，使我国企业更加广泛深入地参加国际竞争，提升国际竞争力，同时有效带动国内旅游产业转型升级和创新发展；③为我国在新时期开展国际合作、国家外交注入崭新内容，例如中韩旅游年、中印旅游年活动过程中，旅游投资成为双方合作重点；④有利于带动我国旅游消费和投资，如法国 PVCP 集团与中国海航集团合作，东方航空与达美航空合作，进军中国市场；地中海俱乐部在我国扩大项目投资；中日两国政府鼓励双方旅游企业相互投资。这些投资实践，可以进一步明确我国旅游投资方向和招商引资计划，更好地落实国务院《关于进一步促进旅游投资和消费的若干意见》的战略部署。

四、2016 年旅游产业运行趋势分析

展望2016 年，旅游企业家信心指数较高，企业投资活跃，在资本、技术和人才等产业要素日益完善的条件下，旅游产业体系将继续创新、融合和扩大。

（一）主要指标分析

1. 总体预测分析

从产业发展整体来看，当前企业家对旅游产业发展的信心较高，2015 年第一至第三季度分别为 136. 9、128. 9 和 129. 9，均处于近年来的最高水平，显示我国旅游产业发展前景看好（见图 3 –8）。

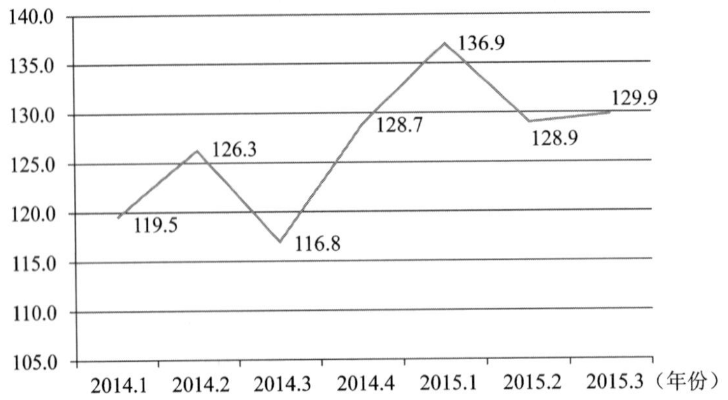

图 3－8 2014 年第一季度至 2015 年第三季度旅游产业发展信心值

同时，我们也看到，企业家对企业经营层面的信心总体也较高，处于“相对景气”水平，但总体也呈现相对下降趋势，2015 年第一至第三季度的指数分别为 133.6、125.5 和 121.3（见图 3－9）。尽管产业发展总体看好，但企业经营仍然不容乐观，在产业转型升级和结构调整的大趋势，企业必须也相应加快转型。

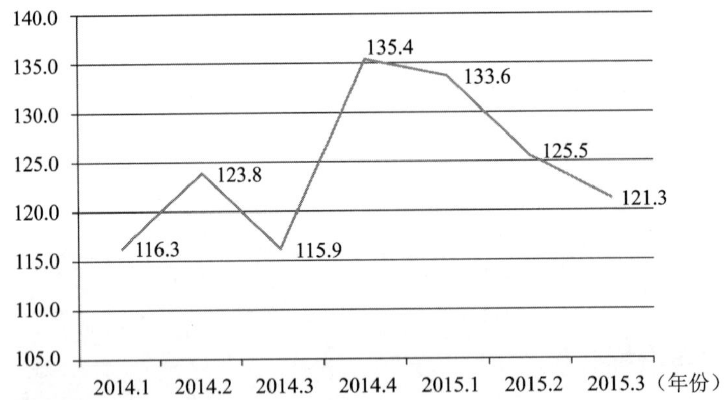

图 3－9 2014 年第一季度至 2015 年第三季度旅游企业经营信心值

2. **分业态预测指标**

从饭店产业看，企业家对饭店产业发展的信心、对企业经营的信心均相对较低，且呈现下降趋势。进一步分析显示，当前，旅游饭店业总体形成了星级饭店、品牌饭店、非标准饭店等业态类型，星级饭店特别是高星级饭店、高端饭店等经营有所下滑，大众、经营型和非标准住宿业等发展状况较好（见图 3－10）。

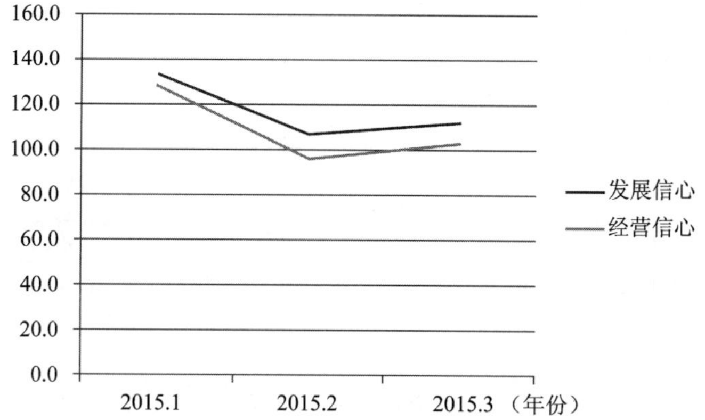

图3－10 2015年第一至第三季度旅游饭店产业信心值

旅行社业的发展信心总体较高。从趋势看，对产业的发展信心总体较高，且呈现上升趋势。但对企业经营信心的指数则呈现下降势头。在产业整合力度加大的背景下，传统旅行社也面临转型的迫切压力（见图3－11）。

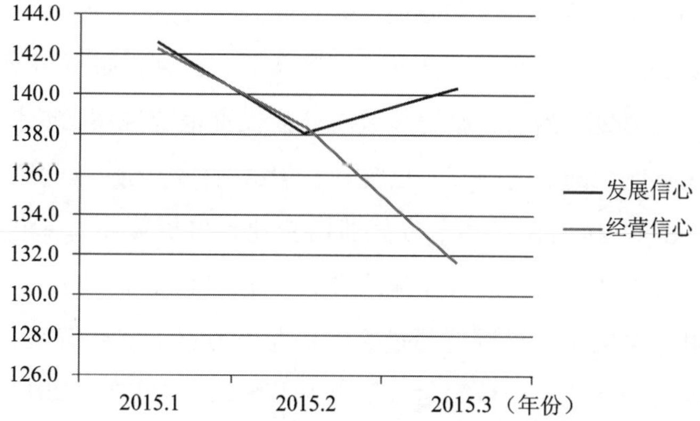

图3－11 2015年第一至第三季度旅行社产业信心值

从景区产业来看，信心值相对各业态而言，处于最高水平，发展前景看好。企业家对景区产业发展前景总体看好，信心较高且较稳定。但企业层面的经营信心值呈现有所下降的趋势。在政策调整、业态调整特别是需求变化的背景下，景区企业的经营方式也必须调整（见图3－12）。

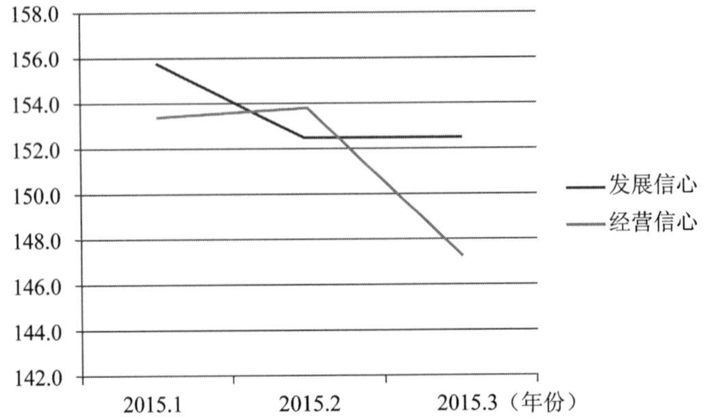

图 3－12　2015 年第一至第三季度旅游景区产业信心值

（二）其他趋势分析

1. 社会投资将处于更加重要的地位

在旅游消费、国家战略和产业政策共同推动下，社会投融资将成为影响旅游经济运行格局的关键力量。当前，旅游领域的社会投资呈现规模增长快、企业并购出现多、市场格局影响大的显著特点。据统计，2015 年第一至第三季度全国完成旅游投资 5502.9 亿元，同比增长 29%。在线旅游企业投融资额超过 450 亿元，是 2014 年在线旅游投融资的 2.4 倍。预计未来 5 年，互联网和旅游业融合发展将会带动 3 个 1 万亿元红利，全国旅游投资将超过 5 万亿元。另据中国旅游研究院调查，2015 年第一至第三季度我国旅游企业家信心指数为 135.6，明显高于 2013 年、2014 年同期，显示企业对旅游产业发展前景更加看好；企业投资景气指数为 124.6，处于"相对景气"水平，显示近年来我国旅游企业投资保持活跃。

2. 产业整合、重组力度进一步加大，影响持续扩大

2015 年发生的三起重大企业并购事件将对 2016 年及未来我国旅游经济的运行产生深远影响。一是携程与去哪儿合并。这一合并加速了中国世界级旅游企业的形成，对其他在线旅游企业必将产生较大冲击，是中国旅游产业发展史的标志性事件。二是滴滴和快的合并。这一合并或将打破传统的市场格局，使周边游市场重新洗牌。

2015 年国庆，滴滴巴士新增了旅游专线，方便消费者假期出行，市场行情前所未有的火爆。目前，北京、深圳两城共开通超过 50 条旅游专线。三是美团和大众点评合并，将冲击短线旅游、中低端酒店、门票等市场。2015 年上半年，团购市场中美团占 51.9% 的份额，大众点评占 29.5% 的份额，双方加起来的市场份额超过 80%。美团、大众点评是以本地化消费为主的服务平台，天然具备了切入旅游业的基本条件，一旦发力旅游 O2O，将对中国旅游业格局形成巨大的冲击。

3. 战略行为更多

不论是港中旅、华侨城、首旅等国有旅游集团，还是开元、携程、如家、去哪儿等民间投资的旅游集团，战略性的资本运作等行为都已经成为其迅速发展的重要途径。如携程旅游集团在 2015 年第三季度创纪录地获得 24 亿元的利润额，其重要原因就是得益于对途家网的战略投资。为了打造世界级的旅游集团，携程将 2020 年的营业收入目标确定为 8000 亿元。近年来，锦江集团通过海内外一系列并购，已经成为全球最大的酒店集团之一。

4. 移动化进一步加大

以“旅游 + 互联网”为代表的创业创新活跃，旅游集团并购重组和全球化发展格局更加明显。基于互联网和分享经济模式的业态创新在住宿和交通领域发展迅速，途家、易到用车、Uber 专车等在 2015 年高速发展。以完善产业链、资源整合为主要目的的境外并购愈演愈烈。锦江国际并购铂涛酒店集团的资金已超过 100 亿元，港中旅 4 亿英镑收购英国 55 家酒店，万达开始并购海外旅游企业和景点，海航计划以 175 亿元收购全球最大机场服务商 Swissport。

5. 开放、共享、非标准化等趋势更加明显

从住宿业看，新兴住宿业态多为与其他业态融合创新的产物。主题精品酒店是酒店与文化创意产业的结合；度假租赁业是住宿业与互联网和分享经济的结合；民宿是旅游住宿与家庭住宅的结合；房车、邮轮和豪华游船则是旅游住宿与交通的融合；健康养生酒店则是住宿与医疗、健康产业的融合。以精品酒店为例，随着消费能力提升、消费意识觉醒、消费观念更新、消费需求分化、消费品位提高、消费层

次升级，酒店不仅是一个住宿空间，也成为一个文化创意的展示空间，一个时尚生活的体验空间，这为精品酒店提供了发展的土壤。精品饭店因其文化创意，个性特色，符合潮流，顺应需求，从而应时而生。

五、发展建议

（一）针对住宿业总体景气不足的现状，出台促进旅游住宿业发展的政策

首先，针对旅游住宿业的发展，应以促进产业创新和产业结构调整为导向，出台统一的产业政策。例如，旅游主管部门可联合商务部、国家发改委、公安部等部门联合出台《促进旅游住宿业发展的意见》。商务部门有《住宿业管理条例》，卫生部、商务部等出台了《住宿业卫生规范》，旅游行政主管部门可考虑出台《旅游住宿业管理条例》。

其次，对涉及旅游住宿业发展的相关政策，旅游行政主管部门应积极通过各种途径与相关部门沟通协调，逐步消除旅游住宿企业的经营性障碍。如推进旅游住宿企业与工业企业水电同价，银行手续费应与商业企业同价，并探索撤销公安部门对旅游住宿业的特殊行业管理，为旅游住宿业的健康发展创造一个更加公平合理的经营环境。

最后，旅游行政主管部门应制定旅游住宿产业发展规划，引导整个产业的发展走向、空间布局和结构调整；积极推动分时度假、酒店业资产证券化等相关法规的起草和制定，以提高住宿设施的利用率和存量资产流动性。

（二）建立鼓励创新的制度保障

创新是高风险的行为，发生错误的概率较大，因此，鼓励创新的氛围和容错机制的建立，将有利于从制度上保障创新行为。旅游业已经成为综合性、融合交叉的大产业集群，行业既需要乔布斯一样的惊才绝艳，也需要日积月累的“微创新”和

跨行业的交叉融合式创新，需要鼓励业外及中小企业普遍参与到创新的商业实践进程中来，形成开放积极的创新氛围。

创新是为了适应经济社会发展的新情况而采取的改革措施，政府的鼓励无疑将有利于增强创新的动力。良好的创新氛围必须认可创新，同时对创新中产生的错误采取容忍态度，容忍错误是指对于创新过程中产生的错误进行客观公正评价，允许错误的发生。构建容错机制就是要充分发挥政府在创新中的促进作用，最大限度地规避企业创新的阻碍因素，形成创新的制度保障。例如在旅游创新中出现的海外旅游代购、当地人导游、民宅的旅游接待分享和旅游 P2P 租车等尚无定论的领域，允许先行先试。

（三）加快建立中国旅游投资平台

落实我国《关于进一步促进旅游投资和消费的若干意见》的要求，将旅游投资和消费并重，发展旅游投资市场，有效增加旅游业增加值。借鉴互联网金融等产业经验，大力发展旅游企业、风险资本、金融资本和战略投资者等旅游投资主体，把投资者作为行业的重要群体，构建各类综合性、专业性的交流平台，优化投资环境，降低融资成本，引导生产与消费并重的投资方向，推动旅游业资本性产品，例如专业技术、文创、人力资源等生产力度，做大做强实体经济和企业主体。推动沪深股市推出旅游上市公司分类体系，健全相关数据信息。

（四）合理引导对外旅游投资

第一，加强国家在对外旅游投资中的参与、引导和调控等作用，将我国对外旅游投资纳入我国对外投资重要内容。围绕我国国际旅游发展需要，按旅游业特别是国际旅游发展规律，服务我国全球旅游产业链战略，推动落实《国务院关于进一步促进旅游投资和消费的若干意见》的总体目标，促进中国资本整体增值和经济社会发展。

第二，开展对外旅游投资的专项工作。例如，对其进行单列统计，纳入国家战略研究范围；及时调查监测和提前预警，开展效益分析；完善相关专业机构和交流平台。

第三，开展我国对外旅游投资的战略规划。以企业为主进行对外旅游投资，加强品牌、技术和新兴旅游业等方面的投资，鼓励战略性投资行为，通过多元化投资方式完善进入与退出机制，防止投资泡沫和估值过高，促进我国招商引资“请进来”战略实施，将其作为我国外交的重要抓手。

第四章

国家战略影响下稳中有变的区域旅游格局

2015年，“一带一路”、区域一体化等国家战略的影响进一步显现，加上“515”战略、“旅游+”等的推动，区域旅游格局在理念和内涵上不断丰富。地方旅游发展不断寻求亮点突破与模式创新，区域旅游合作在交通方式变革中蓬勃发展，区域旅游整体格局在国家战略的影响下稳中有变，“点—线—面”的区域旅游网络格局不断向好。

一、地方旅游发展的亮点突破与模式创新

（一）纳木错：以制度创新推动跨区域景区发展，打造西藏旅游新增长极

1. 纳木错景区

纳木错位于藏北高原的东南部，约有3/5的湖面在那曲地区的班戈县内，2/5的湖面在拉萨市的当雄县内。湖面海拔4718米，东西长70公里，南北宽30公里，面积1920平方公里，蓄水量768亿立方米，其特点在于“高”。首先它是生态高地，具备顶级的高原生态景观，是世界上海拔最高的大型湖泊；其次它是心灵高地，是世界著名的佛教圣地，藏族同胞心中的天湖；最后它还是旅游高地，是世界范围内极为罕见的顶级自然和人文资源重合的湖泊型景区。

纳木错的形状像静卧的金刚度母，湖的南面有乌龟梁、孔雀梁等18道梁，湖的北面有黄鸭岛、鹏鸟岛等18个岛，湖的四面建有4座寺庙，即东有扎西多波切寺，南有古尔琼白玛寺，西有多加寺，北有恰妥寺，象征着佛教中所说的愠、怒、权、势。这些寺庙的墙壁上有许多自然形成的佛像，据传纳木错是帝释之女，念青唐拉之母，被善男信女视为必去的神圣之地，从古到今香客不断。纳木错自然保护区具

有完整而特殊的生态系统和地质构造，有全球稀有的高原代表性气候、大量的野生动植物资源以及文物古迹和特殊的地貌类型，具有重要的保护和科研价值。纳木错自然保护区是世界上为数不多、中国境内海拔最高的高原类型生物圈自然保护区。

2. 发展经验

（1）着眼大纳木错格局，推动区域旅游一体化发展

纳木错景区建设开发不仅要着眼于自身空间的整合，同时还要站在“大区域，大格局”的战略视角，全面凸显作为区域旅游核心目的地的地位，发挥旅游中心地的辐射带动功能。通过整合班戈县、当雄县等行政区域资源，加强与林芝、日喀则、山南、那曲等西藏其他地区的合作，强化核心目的地的吸引力，在线路组织、客源输送、宣传营销、产业辐射、模式示范等方面的进行合作与互补，从而推动区域旅游的区域一体化发展。

（2）推出主客共享模式，打造高原宗教圣地与藏文化体验区

纳木错景区具有三重属性，首先它是本地人生活空间，是藏族同胞朝圣目的地、还是旅游者观光旅游目的地。作为本地人生活空间和藏族同胞朝圣目的地的两个属性更为重要，在景区发展过程中树立了呵护原生态、传递正能量、主客能共享的开发观念。

其次旅游开发不仅要让游客享受纳木错的神圣与壮观，还要让当地的居民在旅游发展过程中享受到实实在在的好处，在精神和物质等各方面均有所提升，突出并发挥旅游惠民和服务民生的功能。建设完善旅游接待服务设施，为藏族同胞香客服务，又为居民生活提供便捷，旅游发展源于本地居民、依托本地居民、为了本地居民。最后纳木错核心景观重视保护原生态与原真性，避免不必要的建设，保留原汁原味藏式风土民情与宗教文化的神圣感，打造青藏高原地区典型的宗教圣地与藏族文化体验区。

（3）建设高端旅游目的地，打造西藏神山圣湖系列的高端引领产品

纳木错生态环境脆弱、游客旅游互动与藏族同胞香客朝圣存在一定程度的矛盾，旅游接待能力有限。不能采取美国五大湖、中国太湖那种国民大众休闲型的旅游开发模式。参照世界已有的顶级品牌和资源，打造高端旅游产品，塑造产品的高品质，突出稀缺性；以人性化和标准化提升打造高的服务质量；以大视野培育文化高格调，

而不是旅游目的地的高价格高收费。同时，在纳木错配套高品质的旅游产业体系和旅游公共服务体系，面向高端市场、打造高端产品、形成高端旅游目的地，塑造高端品牌形象，打造成西藏神山圣湖系列的引领产品。

3. 模式优势

（1）借鉴国外旅游目的地建设的先进经验，走出具有纳木错特色的国际旅游目的地建设新道路

把旅游业列为纳木错地区招商引资工作的重点，利用高质量的生态旅游资源，深化生态体验旅游产品；培育高档自驾游；利用纳木错自然保护区和扎西半岛、圣象天门等景点，开发有特色的观光生态旅游等。根据“国际生态观光心灵旅游胜地”的定位，面向不同的入境旅游目标市场，选择不同的产品、树立不同的形象、提出不同的口号、实施针对性的市场营销计划和行动。纳木错地区将实现服务国际化的“软旅游”作为一项长期战略加以实施，逐步建立健全国际化的道路标识系统、旅游标识系统、旅游咨询服务系统、旅游紧急救援系统。

（2）神圣文化为魂，打造以文化为核心的吸引物

纳木错旅游的发展以藏文化的开发为核心，着重打造其神圣感，传播并丰富神话传说的内涵。充分借助纳木错在藏族同胞心中的神圣地位，打造加工“三大圣湖之首”的美誉，吸引全世界藏传佛教的人进行朝拜，打造国际旅游目的地。同时在保护藏文化原真性和促进藏文化发展传承的基础上，合理利用藏文化，推动藏文化元素向旅游产品的转化。

通过打造以文化为核心的吸引物，实现国际市场突破，通过对藏文化、藏族同胞生活习俗的开发与神山圣水、神话传说的加工打造，开发世界级旅游吸引物，提高旅游景区的品位和档次，建设覆盖大区域、结构合理的旅游吸引物体系，实现旅游目的地的规模经济和效益互补，扩大纳木错景区在国际旅游市场的品牌影响力和市场号召力。

（3）错位发展与后发优势，树立与众不同的纳木错风格

在大纳木错区域和青藏高原的大背景环境下，区域独特的自然资源与地理位置使得旅游业竞争十分激烈。纳木错考虑到和周围旅游区的区域互补问题，争取定位独到、模式独特、发展错位，避免无谓的恶性竞争。通过着力打造特色品牌，解决

"青藏高原灯下黑"的问题，充分利用后发优势，开发具有浓郁纳木错地区地方特色的旅游业，高起点、高品位、大规模发展，使纳木错地区旅游具有其他景区无法替代的吸引力，把纳木错地区深厚的象雄文化、神秘苯教文化底蕴和生态资源有机地整合在一起，树立纳木错地区旅游与众不同的风格。

（二）延边州：对接旅游外交战略，发挥民族文化和生态环境优势，打造民族边境生态旅游示范区

1. 延边基本情况

延边地处中、俄、朝三国交界地带，靠近日本海，被誉为"东北亚黄金大三角"，具有优越的地理位置。延边现有 10 个口岸，有公路桥和铁路桥与俄罗斯和朝鲜两国相通。延边拥有丰富的自然旅游资源和独特的朝鲜族民俗旅游资源，有国家 5A 级自然保护区——长白山、沿图们江边境旅游带、吉林八景之一"一眼望三国"的防川风景区、红旗朝鲜族第一村、仙景台国家重点风景名胜区、海兰湖国家 4A 级风景区、图们江江边公园等旅游景区，每年还举办中国延边朝鲜族民俗旅游博览会，举行各式各样的朝鲜族民俗节庆活动。

2. 发展经验

（1）旅游边贸模式

"旅游边贸模式"是延边边境旅游发展初始阶段采取的模式。旅游边贸模式虽然是边境旅游初始阶段的发展模式，但并不是说在边境旅游发展到一定阶段之后，旅游边贸模式就要退出历史舞台。相反，随着边境旅游的发展，旅游与边贸的互动会进一步加强，融合度会更深。可以说，边境贸易是边境旅游最初发展起来的动力引擎，同时这一引擎会持续为边境旅游的发展输送动力。

（2）精品带动模式

"精品带动模式"是延边边境旅游发展的缓慢成长阶段采取的模式。边境旅游兴起之后，随着边境旅游目的地人气渐旺，个别精品旅游景区或旅游产品开始崭露头角，为了提升边境旅游目的地的知名度，相关管理部门开始精心包装精品景区、线路或产品，使其逐渐成为边境旅游目的地的拳头产品或主打产品。延边州的长白

山景区、珲春防川风景区、图们口岸公园等景区，珲春—海参崴 4 日游、珲春—朝鲜罗津、先锋 3 日游等线路正逐渐成为延边边境旅游的代表性产品。

（3）内联外拓模式

"内联外拓模式"是延边边境旅游发展到快速成长阶段采取的模式。在边境旅游目的地已经初具规模，边境旅游精品景区和精品线路已经形成的基础上，为了进一步促进边境旅游的发展，边境旅游目的地管理部门开始加强与国内其他地区和边境国家的合作，在旅游基础设施建设、旅游资源开发、旅游线路设计、旅游市场营销等方面寻求共赢。这一阶段，边境旅游合作区的概念开始形成。通过"内联外拓"，能够促进边境旅游的快速发展，进而带动其他产业的发展。为边境旅游业发展进入成熟阶段并建立"民族边境旅游示范区"打好坚实的基础。

"跨境合作模式"是延边边境旅游发展到成熟阶段将要采取的模式，是在"内联外拓模式"的基础上，形成了更加固定的合作制度、体系和更加明确的合作主体、范围和内容。采取"跨境合作模式"，建立"民族边境旅游示范区"是实现边境旅游业协调发展的终极模式。

（4）跨境合作模式

从边境旅游发展的阶段来看，目前我国还没有一个地区边境旅游的发展达到"跨境合作模式"阶段。选择"跨境合作模式"，建立"全国民族边境旅游示范区"，是延边州边境旅游发展的最终模式和必然选择。这里的"全国民族边境旅游示范区"是一个"跨境旅游合作区"的概念，和 2015 年 2 月份在吉林省十二届人大四次会议上提出的"'无国界'图们江三角洲国际旅游合作区"的概念也是一致的。这一具有长远战略意义的规划概念的提出，将是延边州和周边邻国在区域经济一体化框架下在旅游领域的积极尝试，对于我国在图们江流域实现新的出海口，形成中、朝、俄三国国际联运体系具有重要的战略意义。

3. 模式优势

（1）加强基础设施建设，壮边境旅游之"骨"

首先，通过加强延边州内部与周边区域的交通网络建设，开展区域联动和部门联动，重点改进旅游目的地与区域中心城市间的外部交通，以及优化景区内部交通，为游客提供更加便捷、舒适的游览交通工具。其次，通过加强边境地区各国之间的交通联系，在公路、水运、铁路、民航诸方面进一步推进与俄罗斯和朝鲜的合作，积极推动图们江区域运输通道及相关基础设施的建设。

（2）推进精品项目开发，丰边境旅游之“躯”

精品景区对边境旅游发展能够起到重要的带动作用，在长白山景区被划出延边州管辖范围之后，目前延边州还没有能够培育起一个起到龙头带动作用的精品景区，来引领延边州边境旅游的发展。通过加强跨境旅游精品线路的开发，在现有的跨国旅游线路基础上，根据特色旅游资源和市场需求特点，开拓新的跨国旅游线路，如中国、朝鲜、俄罗斯构成的“社会主义展览馆”游、环日本海多国海上巡游等，打造“中俄边境旅游”和“中朝边境旅游”以及“中俄朝韩蒙”五国环线游等精品线路，打响边境旅游跨境线路品牌。

（3）提高边境服务效率，造边境旅游之“血”

进一步简化边境旅游办证手续，提高办证效率。可以尝试在延吉市人民政府政务服务中心开设边境旅游异地办证窗口，并开设团队办证窗口和个人办证窗口两个服务窗口。建设三个一级旅游集散中心，五个二级旅游集散中心。旅游集散中心的主要功能包括，向市民及游客提供全方位的旅游服务，游客在此可以获得包括咨询、票务、展示、交通组织、信息发布、安全救援管理、质量监督及投诉处理在内的一站式旅游服务。实现游客集散服务功能、旅游中介服务功能、旅游活动组织功能、区域交通枢纽功能、旅游产品推介功能、统一游客服务功能、区域旅游统筹开发功能、景区运行动态监测功能的有机统一。

（4）培育边境旅游品牌，铸边境旅游之“魂”

以培育跨国边境旅游品牌为目标，整合区域内各国的相关旅游资源，实现资源共享、功能互补、品牌互动，通过区域内各国的合作与对话机制，超越和突破各种无形的框架，共同打造“民族边境旅游示范区”旅游品牌，使中、朝、俄三国边境旅游在市场上具有更强的吸引力和竞争力。首先，尽快确立“民族边境旅游示范区”在国际旅游市场上的主题形象定位，并依据主题形象定位，做好示范区旅游形象包装，树立统一的旅游品牌形象。其次，加大政策引导和扶持，不断完善旅游配套设施，打响“民族边境旅游示范区”旅游产品品牌。最后，通过政府扶持和借力发展，培育在国内外有影响力、有实力的旅游企业品牌。

（三）南黄海东凌湖：以“旅游+”构筑发展平台，以产业融合推动区域经济发展

1. 南黄海东凌湖基本情况

南黄海东凌湖区域，位于江苏省南通市如东县大豫镇境内，地处长三角北翼，东临黄海，海岸线长达10公里，西邻如东县城和广袤的苏北平原，属于典型的海陆交接地带。北连国家一类口岸洋口港，南接南通滨海园区，位于上海1.5小时经济圈范围内，是如东南接上海的重要门户，既是如东县居民休闲游憩的不二选择，更可以作为大上海经济圈居民度假休闲的新目的地。

2. 发展经验

（1）以田园城市、反规划为理念，有机保护，合理开发

南黄海东凌湖注重基地内海洋、陆地、滩涂、水系、湖泊、村庄、农田等，构建绿楔、绿廊、绿道的生态结构，并与区域生态格局进行衔接，形成网络式生态格局。加强对黄海水体、滩涂资源、东凌湖水体、生态植被等的保护，营造优美的生态旅游度假基地。

（2）差异化旅游产品的开发

南黄海东凌湖注意与黄海沿线其他度假区产品开发的差异化。在鱼鲜文化、民俗工艺、生态农业、海洋渔业发展基础上，推出鱼鲜文化特色体验产品，打造主题文化和休闲娱乐竞争力，强化田园生态式、创意文化类旅游产品的培育和发展，加快与旅游配套的健康养生、商务会展、休闲房产、美食娱乐、鱼鲜商贸等服务产品的发展，促进不一样的“吃住行游购娱”大旅游格局的形成。

（3）文化资源传承发展

通过对如东传统民俗工艺、渔民风情、传说典故等进行挖掘传承、创意开发，南黄海东凌湖在现有旅游产品基础之上，体系化重塑当地相对完整的鱼鲜文化与海洋文明，通过文化展示、创意设计、主题餐饮、主题娱乐等产品重新表达和演绎地域文化精髓，从而提升整个旅游度假区的历史文化底蕴，将度假区发展成为如东及

东凌湖度假区域工艺文化的传承、创意中心，依靠工艺文化支撑、提升和拓展旅游度假区的品牌形象。

（4）村庄农田的循序渐进更新

南黄海东凌湖对现有村落进行有机更新，以“宅—田”为细胞进行循序渐进的改造，尊重当地原始的聚落生态，较好地保存原有村庄中的聚落形态和社会群体关系。采用多种方式提高村民参与的积极性，对于失地农民，除政策性补偿外，还可以使其转变为旅游服务人员、农业工人等，增加收入。

（5）以创意驱动产业，构筑产业集群

南黄海东凌湖通过旅游业的发展，全面带动第三产业发展，提高第三产业所占比重，调整产业结构，促进产业升级优化，以旅游产业促进多产融合集聚发展。做优鱼鲜文化创意产业，做精休闲农业，做强生态度假旅游、新能源基地旅游，逐步发展商贸服务业、旅游地产等，打通创作、研发、生产、销售的渠道，形成产业链条，对话国际交流平台。

3. 模式优势

（1）构建南黄海鱼鲜文化旅游产业综合体

以鱼鲜文化为魂，以旅游产业为脉，实施文化旅游双核驱动战略，即通过旅游产业的植入，以特色旅游项目建设为引导，整合提升原有产业，聚集培育新兴产业，旅游成为盘活区域产业结构的新动力，从而推进区域产业架构的重组与升级，打造南黄海鱼鲜文化旅游产业综合体。以独具南黄海景观风貌特色的文化旅游产业示范基地为总体目标，致力于打造南通国际港城的新名片、黄海海洋文明的新标识、国际化海滨度假的新典范。

（2）旅游与文化创意产业联动发展

在现有产业体系中导入文化旅游业，通过三条路径来实现文化旅游产业的联动融合。其一，通过文化景观拾遗工程打造一条展示海陆文明的时空廊道，主要的文化景观要素可以包括范公堤文化轴线的延伸、“扶海洲”海岛再现、垦区土地年代标识景观的展现等；其二，以海鲜文化创意加工为载体，对接旅游工艺品形成创意研发、精细加工、定制销售等全产业链开发模式；其三，引入如东非物质文化遗产创意加工及特色展演活动延伸文化产业的价值链。

（3）旅游与特色渔业联动发展

通过改进现有渔业生产方式、调整渔业生产结构、提高渔业科技化水平等措施，加快渔业与旅游产业的融合发展。第一，立足现有养殖基地，引驻特色农业，改善海鲜养殖基地单一的产业结构，同时调整渔鲜产出的季节性，并通过统一规划，打造万顷彩塘景观，形成主题鲜明的观光采摘园、渔业体验园；第二，加快休闲渔业旅游产品升级和旅游服务设施的完善，积极申请国家级渔业旅游示范点；第三，大力开发乡村养生旅游、休闲渔业游、渔业创意游，积极打造海鲜创意 MALL、渔人部落、田园超市、创意农场等农业新业态；第四，打造休闲农业产业示范园区，策划“一村一品”乡村旅游发展计划，通过水果、粮食深加工延伸农业产业链，以乡村旅游带动地方经济发展，推进社会主义新农村建设。

（4）旅游与新能源产业联动发展

风能基地与旅游产业进行融合的主要举措有：第一，万顷彩塘与风机景观的融合，可延伸出一种浪漫的情调，适合婚纱摄影等业态的开发；第二，利用风车间距 260 米的可活动空间，导入汽车运动等新兴业态，盘活区域产业业态。

（5）旅游与养老养生产业联动发展

以区域优越的自然地理环境为依托，创新养老产业模式，针对 60 ~ 65 岁老人创建老年人家园，构建真正的“老有所居、老有所医、老有所为、老有所乐”的家园式养老系统，致力于解决养老产业的产出问题，打造全国新型养老模式探索的典范。

二、交通方式促进区域旅游合作蓬勃发展

交通基础设施是旅游发展不可或缺的先决条件，每一次交通运输方式的革命性突破都深刻地影响着区域旅游发展和旅游空间演变。近些年，航线的增班加密、邮轮线路走红、高铁四通八达、高速公路贯通的进一步发展，为国际、国内的区域旅游合作搭建了平台，促进了区域旅游合作蓬勃发展。

（一）航线增班加密带来国际旅游合作机遇

随着居民生活水平的不断提高，航空逐渐成为旅游者出行时选择的重要交通方

式，有无空中交通条件是能否大规模开展国际旅游业的前提，航空运输业的发达程度是衡量各国旅游业发展水平的重要标志。随着经济发展和生活水平的提高，我国居民选择航空出行的比重也在逐年增多。

《2014 年民航行业发展统计公报》显示，截至 2014 年年底，我国共有定期航班航线 3142 条，国际航线 490 条，通航 48 个国家的 123 个城市。同时，我国与其他国家或地区签订双边航空运输协定 116 个，比 2013 年年底增加 1 个。中国民航发展势头持续向好，航空运输保持较快增长态势，尤其是国际航线旅客运输量增幅远远高于国内航线旅客运输量增幅。据中国四大航空公司 2014 年年报显示，四大航 2014 年国际（地区）航线收入共达 971.52 亿元，比 2013 年同期增长 11.14%，增速高于四大航主营业务收入的涨幅 6.7%。民航业与旅游业互相支持、互动发展，伴随国家“一带一路”战略的深入推进以及出境游热潮进一步升温，中国的航空公司于 2015 年也纷纷提出了增开国际航线的计划。

2015 年 4 月，国航表示其计划在 2015 年夏秋航季内经营的国际航线达到 91 条，相比 2014 年年底新增了 9 条。近两年在国际航线上大举扩张的南航也有同样计划，南航及旗下厦门航空和四川航空将于 2015 年年内新开 30 条中日之间的直飞航线，既有中日航线的航班数量也将大幅增加。2015 年 10 月 25 日起，民航将开始执行 2015/2016 年冬春季计划，换季后南航计划新开航线 41 条，其中国际和地区航线 23 条，国内航线 18 条，新开国际航线数量首次超过国内航线，而此次新增的 23 条国际和地区航线主要都是“一带一路”沿线区域城市，例如南航即将开通的第一条通往意大利的航线，意大利罗马位于海上丝绸之路的终点，深刻影响着两国及“一带一路”沿线旅游合作的发展。

国内一批城市亦积极推进航空的国际旅游合作。2015 年 1 月，杭州计划推进杭州旅游国际化和杭州航空口岸的开放发展，全面促进杭州国际旅游休闲中心建设，加快拓展国际新航线，进一步完善国际航线网络。杭州萧山国际机场计划在继续完善东南亚航线网络的基础上，逐渐将市场开发重心和政策向洲际航线、远程航线倾斜，并进一步加强与杭州旅游市场信息的对接，使机场的航线航班安排更加适应市场需求。同时，杭州机场将借助 72 小时过境免签、因私护照便利性提高等有利政策，改善通关环境，努力提高航班正点率，提升旅客的满意度，为杭州旅游的国际化创造很好的条件。2015 年 11 月，云南在昆明举行旅游与航空推介会，旨在全面加强云南同世界各国在旅游、航空领域，尤其在云南与有关国家和地区新航线开辟方面的交流与合作，共同促进经济社会的繁荣与发展。云南目前已建成和在建的机场有 16 个，初步形成了以昆明长水国际机场为核心，以丽江、西双版纳干线机场和其他支线机场为支撑的机场网络体系，开通了国内航线 306 条，国际和地区航线 61 条，覆盖了国内各省会城市和旅游热点城市，基本覆盖了东南亚、南亚国家首都和旅游热点城市，并开通了巴黎、温哥华等洲际航线。

各航空公司和部分城市的航线增班加密计划是顺应时代发展的需要，让更多的城市实现互联互通，同时，可进一步促进国际旅游合作的发展，多创造就业机会，并通过与地方经济产业的关联直接或间接地发挥作用，在家庭和国家层面提升收入，改进收支平衡、推动经济发展。

（二）邮轮线路走红拓宽海上国际合作平台

2015 年是中国“丝绸之路旅游年”，我国沿海各地区紧紧依托“一带一路”国家发展战略，紧抓世界邮轮中心快速东移的契机，加快完善各邮轮港口城市建设，不断推进和丰富邮轮产业链延伸发展，逐步建立健全邮轮产业配套体系，有力支撑我国邮轮产业长远可持续发展。中国的邮轮旅游虽起步晚，但发展迅速，市场规模仍在高速增长。随着邮轮产业的不断发展，海上丝绸之路沿线的国家及地区之间的旅游合作也越来越紧密。当前，邮轮旅游线路基本涵盖了大多数滨海旅游国家和胜地，形成了多条滨海旅游合作线路。

据《邮轮绿皮书：中国邮轮产业发展报告（2015）》，调查显示最受我国游客青睐的航线是地中海航线与东亚和东南亚航线，这也促使中国与这些区域之间不断地加强旅游业方面的合作交流。目前，对于中国邮轮旅游者来说，各航线基本形成一些有代表性的停靠港和景点。其中，地中海航线沿途有西班牙、法国、意大利、希腊群岛、埃及和马尔代夫等景点。2015 年，日韩邮轮线路共计约 295 条，价格为 2000 ~ 4000 元，航行天数在 4 天左右，包括歌诗达邮轮公司的“赛琳娜”号、“大西洋”号、“天海新世纪”号等；东南亚邮轮线路共计约 686 条，价格从 2000 元到 8000 元不等，航行天数多集中在 3 ~ 12 天，包括丽星邮轮公司的“双子星”号、“天秤星”号，美国公主邮轮公司的“蓝宝石公主”号等；地中海及欧洲邮轮线路共计约 2704 条，价格为 5000 ~ 10000 元，航行天数多集中在 7 ~ 15 天，包括歌诗达邮轮公司的地中海号、地中海邮轮公司的“幻想曲”号等；另有加勒比海邮轮线路共计约 4919 条，阿拉斯加邮轮线路共计约 480 条，澳大利亚及南太平洋邮轮线路共计约 669 条等，线路丰富，档次不等，很好地满足了顾客的不同需求。

各省市政府亦纷纷推出新举措，推进邮轮旅游的发展。2015 年 8 月，三亚市政府、中国交建和中国港中旅集团成立合资公司，依托凤凰岛国际邮轮母港的建设，发力邮轮全产业链，在邮轮运营、三亚邮轮母港经济区合作开发、旅游目的地打造、邮轮产品销售、康养产业、旅游房车及其他邮轮延伸业务展开合作，与此同时，合资公司计划通过购买、并购、合作等方式，组建自有品牌的邮轮船队，实现中国邮轮民族品牌零的突破。2015 年 9 月，海南相关负责人赴新加坡、马来西亚和越南，与 3 个国家的政府相关部门和邮轮运营企业沟通邮轮旅游合作事宜。2015 年 10 月，福建省召开推介会，旨在搭建一个政企合作、邮旅合作、闽港台合作的平台，联手为环海峡邮轮旅游产业发展提供新的助力。随着各级政府与企业合作的加深，邮轮线路将逐渐走红，对国际旅游的合作、实现双边经济繁荣具有非常重要的意义。

（三）高铁四通八达抓住国内旅游合作契机

高铁作为解决大通道上大量旅客快速输送问题的最有效途径，已成为世界各国铁路的普遍发展趋势。高铁的快速运输效应，节省了交通时间，使得旅游者可以在高铁沿线的任何城市之间来往，城市之间呈现区域一体化的趋势。当前全国各地均高度重视高铁在当地旅游中的作用，并主动走出去，与周边区域合作，形成精品高铁旅游线路，从而吸引重点旅游市场的注意。

2014 年年底至 2015 年我国新开通数条高铁线路，其中包括沪昆高铁、兰新高铁、大西高铁、贵广高铁等。沪昆高速铁路东起上海，西至昆明，是中国东西向线路里程最长、经过省份最多的高速铁路，沿途经过杭州、南昌、长沙、贵阳等著名旅游城市，10 个小时的车程完成从“魔之都”到“花之城”的穿越，可有效地带动东西部区域旅游的联动效应。兰新高铁，自兰州西站引出，途经西宁、张掖、酒泉、嘉峪关，一路上可感受“青海长云暗雪山”的壮阔，再一路西行到新疆哈密、吐鲁番，最终引入乌鲁木齐站，全长 1776 公里，是世界上一次性建设里程最长的高速铁路。兰新高铁的通车，一方面可为游客提供走丝绸之路的全新方式，促进其自然风景的推介；另一方面方便了西部地区人员走出去，有利于带动国内旅游的新发展。大西高铁北起山西大同，经朔州、忻州、太原、晋中、临汾、运城、渭南等9市31区县，最终抵达古都西安，沿途古韵十足，且各城市计划以联盟的总体形象出现，有效整合旅游资源，开发不同主题、不同价位、不同类型的高铁旅游线路，满足不同层次消费者的需求，共同打造"京冀晋陕"高铁旅游城市联盟整体旅游品牌。贵广高铁自贵阳北站起，经黔东南、广西桂林等至广州南站，成渝高铁互通两座"火辣辣"的美食之都，联结西南地区美景与美食；哈大齐高铁自哈尔滨站引出，止于世界最大的芦苇湿地齐齐哈尔，对于东北地区的旅游发展和全国旅游合作发展意义重大。

随着以交通尤其是高铁为纽带的区域性旅游圈的概念不断深化，随之而来的就是城市间区域限制的突破。由于沿线旅游资源类型丰富，产品互补性高，能够形成有效的旅游辐射，将促使沿途各省市抓住国内旅游合作的契机，形成一批新的旅游目的地，同时，通过旅游城市联盟的成立，能提升沿线城市旅游品牌形象，扩大沿线城市旅游产业规模，提高旅游经济效益和社会效益，为消费者提供真正的便利。

（四）高速公路贯通带动区内旅游合作开展

高速公路作为自驾车旅游的主要支撑，当前各地的旅游部门非常重视高速公路沿线区域的合作与交流，积极布局服务站点，设计旅游线路等，进而打造高速公路旅游合作线路。

自1988年第一条高速公路——沪嘉高速公路建成通车至今，我国的高速公路经历了从无到有、高速发展的里程。截至2013年年底，我国的高速公路通车里程已达约10.5万公里，高居世界第一，国家高速公路网已基本建成。高速公路的迅速发展，便利了城市与城市间的联系，提高了可达性，并随着高速公路往城郊、农村地区的延伸，方便了等级城市间、城市与农村地区的联系，依附于高速公路的区域交通网建立起来。可达性的提高为区域旅游业的发展提供了基础条件，便利了游客流和物流的出入，对区域内旅游合作的开展发挥着至关重要的作用。

2015年，广东将建成高速公路9项共600公里，包括济广高速平远至兴宁段、包茂高速信宜至电白段等，预计到 2015 年年底，广东高速公路通车总里程将达 6880 公里，与陆路相邻省份各开通 3 条以上高速省际通道，实现“县县通高速”的目标。京津冀区域内，国家计划打通所有高速公路的“断头路”，区域路网格局由“单中心、放射状”向“多中心、网格状、全覆盖”转变，为京津冀地区旅游的协同发展奠定基础。长三角地区在交通领域专题合作不断深化，加快连通省际高速，如积极推进宿扬、徐明、合宁等 8 条省际高速公路建设，浙、皖两省共同推进黄千高速及金华至宣城高速的建设。贵州从 2013 年到 2015 年实施“三年会战”，截至目前，高速公路建设总投资近 4000 亿元，实现通车里程 5100 公里以上。重庆 2015 年将建成黔江至恩施、铜梁至永川、开县至开江 3 条高速，同时，渝黔高速、长万高速、渝邻高速、成渝高速等通车较久的高速路，将继续启动路面大修，以免造成堵车。河南 2015 年计划 19 个在建的高速公路项目，已经累计完成投资 185. 97 亿元，届时全省将新增通车里程 456 公里，新增改扩建里程 514 公里。辽宁 2015 年计划投资 76 亿元用于高速公路建设，将实施 13 个高速公路项目，总里程达 782 公里，计划完成兴城至建昌、灯塔至辽中、盘锦港疏港等高速公路项目收尾工作，续建沈阳至四平高速公路改扩建、辽宁中部环线铁岭至本溪段、营口仙人岛港疏港和丹东大东港疏港 4 个高速公路项目，通车后辽宁将实现“43 个陆地县，县县通高速”，为辽宁省和东北区域的旅游合作发展提供平台。

旅游圈层中的核心城市往往都具有非常强的旅游集散功能，这些城市将成为重要的区域性旅游集散地，向周边城市输送旅客，而周边城市则更多地偏重于旅游目的地的角色。近几年，各城市持续大力投入高速公路等交通基础设施的建设，顺应了人们国内出游短期化的趋势，最终形成区域旅游圈内的协同发展局面。

三、在国家战略影响下，区域旅游格局稳中有变

（一）东中西梯度递减依然是区域旅游格局的主要特征

1. 区域旅游潜在出游力依然东强西弱， 但收敛趋势不断显现

连续六年跟踪研究客源地潜在出游力的空间格局，自 2010 年以来，潜在出游力

在东中西之间“7∶2∶1”三级阶梯状分布的总体格局没有改变，但东部区域的累计潜在出游力，2015年为65.1%，2014年为65.5%，2013年为65.7%，2012年为66.8%，2011年为68.0%，2010年为70.0%。东部地区在降低，中西部地区在升高，区域之间的差距在缩小，收敛趋势不断显现。对四个旅游客流产地（以北京为中心的环渤海都市圈、以上海为中心的长江三角洲都市圈、以广州和深圳为中心的珠江三角洲都市圈以及西南的成渝城市群）而言，累计潜在出游力，2015年为54.2%，2014年为55.6%，2013年为55.4%，2012年为57.9%，2011年为57.0%，2010年为60.0%。虽然在中间数据有反复，但是总体趋势由2010年的60.0%下降到2014年的55.6%，表明潜在出游力在传统经济区与经济欠发达区域之间的差距在缩小，也表现出明显的收敛趋势。

2. 出境入境国内三大旅游市场依旧以东部为主导，中西部旅游发展迅速

（1）国内旅游格局未变：东部为首，中西部紧挨，区域内部变化较大

依据携程网的调查数据，2015年春节黄金周期间，旅游出行人气较高的城市基本未发生较大变化，以主要的经济发达城市为主。与2014年相比，杭州的排名提前，西安的排名后退，南京和昆明分别取代厦门和武汉进入前十名，表明东部地区的主导地位依旧保持，且西部地区的旅游需求日益增加；旅游到达人气较高的城市与旅游出行城市的人气排名状况有所不同（见表4-1）。一方面，广州代替南京进入前十名；另一方面，前十名的前后排序有较大的差别，北京、上海、昆明、西安的位次有所上升，而厦门、三亚、哈尔滨、桂林和丽江的位次有所下降，表明了春节期间，人们更加偏向于游览大型城市和非东部地区。

表4-1 春节期间旅游人气最旺的城市排名

分类	年份	城市
出行人气最旺前十名	2014	北京、上海、广州、深圳、成都、重庆、西安、杭州、厦门、武汉
	2015	北京、上海、广州、深圳、成都、重庆、杭州、西安、南京、昆明
到达人气最旺前十名	2014	厦门、三亚、北京、哈尔滨、桂林、丽江、上海、南京、昆明、西安
	2015	北京、厦门、三亚、上海、昆明、哈尔滨、丽江、西安、广州、桂林

“五一”小长假期间，旅游出行人气较高的城市总体上与2014年相比变化不大，除了天津取代苏州成为第10名，其他城市的排名只是相互变动，表明出行人气较高的城市总体上以东部为主，且变化程度不大；旅游到达人气较高的城市与2014年相比排名所有位次均有所变动，其中上海变动位次较大，由第1名变为第9名（见表4－2），且其他几个城市的位次发生了3～4位的变化，表明了人们对旅游目的地的需求有所变化，以东部地区为主，但西部有较大的潜力。

表4－2 “五一”期间旅游人气最旺的城市排名

分类	年份	城市
出行人气最旺前十名	2014	上海、北京、广州、深圳、杭州、南京、成都、重庆、武汉、苏州
	2015	上海、北京、深圳、广州、杭州、成都、南京、武汉、重庆、天津
到达人气最旺前十名	2014	上海、三亚、厦门、桂林、丽江、北京、西安、九寨沟、杭州、青岛
	2015	三亚、厦门、桂林、北京、杭州、九寨沟、丽江、西安、上海、昆明

“十一”小长假期间，旅游出行人气较高的城市与2014年相比格局变化不大。上海、北京、广州、深圳、杭州、成都、南京、天津仍是出行人气较高的八大城市，唯一变化的是厦门取代了重庆成为第9名，表明了典型的旅游出行城市地位依旧未发生变动，以大城市和东部地区为主。旅游到达人气较高的城市与2014年相比格局发生较大改变，三亚、北京和厦门分别提升一个位次成为到达人气较高的城市之一，上海和九寨沟的位次变动较大，上海由第1名变为第8名，九寨沟进入前十名的榜单且位至第4名，其他城市也都发生了相应的变动，这表明在旅游目的地的整体趋势上由东部地区向中部和西部转移（见表4－3）。

表4－3 “十一”期间旅游人气最旺的城市排名

分类	年份	城市
出行人气最旺前十名	2014	上海、北京、广州、深圳、杭州、成都、南京、天津、重庆、武汉
	2015	上海、北京、广州、深圳、杭州、成都、南京、天津、厦门、武汉
到达人气最旺前十名	2014	上海、三亚、北京、厦门、丽江、西安、桂林、杭州、三峡、南京
	2015	三亚、北京、厦门、九寨沟、西安、桂林、丽江、上海、昆明、成都

单从出游情况来看，东部地区和大型城市仍是最主要的客源地，上海、北京、广州、深圳、杭州等经济发达的大城市出行人气居高不下，这也与大城市居民的旅游需求旺盛有关。同时，东部地区也是最主要的旅游目的地，经济发达、综合实力强劲的北京、上海、广州、杭州等一线城市和自然风光较好的三亚、厦门等旅游城市到达人气一直较高。中西部地区的旅游发展水平虽然整体落后于东部地区，但在近两年中有着东部向西部转移的趋势，其中成都、重庆一直是中西部地区最重要的客源地。特别值得一提的是，九寨沟在2015年“十一”黄金周进入到达人气最旺排行榜前十名且排名较前，这表明中西部地区和二、三线城市的休闲旅游市场得到迅速解放。

（2）入境旅游接待差异较大：东部地区瓜分主要市场，中西部地区保持追赶态势

根据国家旅游局发布的2015年第一季度和第二季度全国旅行社统计调查数据显示，2015年1~6月，全国旅行社入境旅游接待总人数达到825.88万人次，接待人天数达到2583.25万人天。按照区域格局对东部、中部和西部各省市自治区旅游接待情况进行排名发现，与2014年类似，东部地区占据主导地位，而中部地区省份又略高于西部地区省份，体现了入境旅游市场地位东中西依次递减的基本格局。就区域内部而言，2015年第二季度，东部地区呈现出两极分化，其中广东、江苏等省份的接待量较大，而河北、天津和海南等省份的接待量明显落后于其他东部地区省份。西部地区入境旅游区域内部差异也较大，与经济和交通发达程度类似，例如重庆、陕西、四川等省份的接待量较大，而甘肃、贵州、新疆、西藏、宁夏、青海等省区接待量很少。可见，入境旅游与经济发展状况和交通便利程度有着较大的关系，东部经济发达的沿海地区因有国际性航空口岸的依托，在我国入境旅游接待的作用最为突出。中、西部地区省（市）受经济发展水平和缺乏大型口岸等条件制约，在接待量上仍然与东部地区保持着较大的差距，但部分地区例如四川、陕西等地也依靠着优质的旅游资源吸引了大量的境外旅游者。

从2015年第一季度和第二季度全国旅行社入境旅游接待情况变化来看，东部地区除广州、浙江、北京、上海四省排名不变或有所上升外，山东、辽宁、福建、河北、海南省份的接待排名有所下降，江苏和天津的接待排名上升。其中，江苏由原来的第3名变为第2名，山东和辽宁由原来的第2名和第4名变为第4名和第8名。

与此相对应的是，中西部地区的湖北、湖南和陕西表现非常抢眼，在第二季度都进入了旅行社入境旅游接待人数前十名，由原来的第7名、第9名和第11名上升为第3名、第7名和第9名。这在一定程度上反映了中、西部地区城市入境旅游接待能力增长迅速，由第一季度向第二季度表现出强有力的上升趋势（见表4－4）。

表4－4　2015年第一季度和第二季度全国旅行社入境旅游接待人数排名（单位：名）

地区	第一季度	第二季度	地区	第一季度	第二季度
广东	1	1	安徽	18	16
山东	2	4	河北	19	23
浙江	5	5	河南	17	14
辽宁	4	8	山西	24	20
江苏	3	2	海南	20	21
北京	6	6	天津	23	22
福建	8	12	吉林	25	19
上海	10	10	江西	22	24
四川	12	13	贵州	26	26
湖北	7	3	内蒙古	27	25
湖南	9	7	新疆	21	27
陕西	11	9	甘肃	28	32
重庆	13	11	新疆生产建设兵团	32	31
云南	16	17	宁夏	29	30
黑龙江	14	18	青海	30	28
广西	15	15	西藏	31	29

从2015年1～6月全国旅行社入境旅游接待情况可以得出与2014年基本一致的结论：经济发达的长三角、珠三角等地区的主要省份是我国主要的入境游客接待地区，占据着目前我国入境旅游的绝对主导地位。中部地区经济条件和交通条件次于东部但优于西部，且离沿海地区较近，交通便捷，因而入境旅游发展迅速，增长平

稳，部分地区依靠着其旅游资源保持着良好的入境接待情况。西部地区经济条件、交通条件以及旅游市场方面条件都相对落后，但从长期的发展状况来看，部分省市和地区已优先发展起来并呈现良好势头，形成了入境旅游的“增长极”，具有极大上升空间和发展潜力。

（3）影响出境旅游的因素未变：东部地区的经济交通优势使其依旧领先于中西部地区

《中国出境旅游季度报告2015Q3》显示，针对全国旅行社的抽样调查显示，随着暑期旺季的到来，第三季度多数旅行社的出境游业务呈现增长，但部分市场存在压力。有88%的受访旅行社表示，2015年第三季度出境旅游人数与2014年同期相比保持增长，有9%的受访旅行社表示有所下降，另有3%的旅行社表示没有太大变化。从区域发展状况上看，出境旅游消费能力较强的特点，以及东部地区居民出境的便利，决定了东部地区必然也占据中国出境旅游的主力位置。不过，与国内旅游、入境旅游的情况相似，中西部地区的出境旅游市场也在高速发展，湖北、重庆、湖南等中部省份在2015年上半年全国旅行社组织出境旅游人次数排名中名列前茅，且达到了前十名（见表4－5）。随着中西部地区经济实力和开放程度的进一步提升，中西部地区的出境旅游市场将得到进一步的扩大。

表4－5　2015年第一季度和第二季度各地旅行社组织出境旅游排名（单位：名）

地区	第一季度	第二季度	地区	第一季度	第二季度
广东	1	1	安徽	20	19
山东	7	7	河北	15	16
浙江	5	4	河南	21	21
辽宁	4	6	山西	16	17
江苏	6	5	海南	29	29
北京	2	2	天津	19	20
福建	8	12	吉林	22	23
上海	3	3	江西	23	22
四川	10	11	贵州	27	24
湖北	11	8	内蒙古	25	25

续表

地区	第一季度	第二季度	地区	第一季度	第二季度
湖南	9	9	新疆	28	27
陕西	14	13	甘肃	24	31
重庆	12	10	新疆生产建设兵团	26	28
云南	18	14	宁夏	30	26
黑龙江	13	18	青海	31	30
广西	17	15	西藏	32	32

三大旅游市场的数据表明，国内旅游市场仍旧呈现出东部地区份额居于主导地位，而中西部地区虽然有所落后，但保持着强劲的追赶势头的整体局面。东部地区一方面拥有相对较高的旅游出游能力，另一方面在经济交通上占据了绝对优势，而相对来看中西部地区旅游发展相对较弱。但从增长幅度和发展潜力上看，中西部地区的增长率明显高于东部地区，具有较大的发展空间和潜力。

（二）“一带一路”战略和区域经济一体化战略促进区域旅游全面发展

1. “一带一路” 战略全面带动区域旅游发展

一方面，“一带一路”战略极大地促进了相关城市和省份的区域旅游发展，使其长时间保持着经济资源和旅游资源的活跃，活化了旅游本身，并从市场的角度吸引了众多的商务和会议旅游者；另一方面，“一带一路”战略使得区域性的旅游需求增强，加强了东中西区域的整合，整体上极大地促进了区域旅游的全面扩展。此外，“一带一路”战略给旅游带来更多的发展契机，区域旅游可以在“一带一路”战略中找到自身的服务和定位，以便于更加特色和全面的发展。

2. 区域经济一体化战略引导着区域旅游的一体化进程

一个地区的旅游发展通常需要建立在地区的经济发展的基础之上，只有区域经济状况全面提升才能保障旅游要素的完善，否则旅游发展将会受到很多因素的限制，因此区域经济战略也必将影响到区域旅游的发展。一直以来，国家一直推行着区域经济的一体化发展战略，如京津冀、长三角、珠三角、东北三省等区域经济的一体化，使得区域中的各个省市有着更好的合作，资源和特色上互补并相互促进。这样的经济发展战略背景下，区域旅游也有着类似的趋势，保持着一体化的发展。区域内部的旅游发展必然在资源和特色上存在着差异，而非单一化的累积，单个地区的旅游发展也必须将自身融入到区域的整体环境中来，一方面要符合区域的整体特色，另一方面要避免与区域内其他地区的同质。这样，既能增强区域旅游的整体实力，又能保持区域内的每个子区域的特色发展，最终全面提升区域旅游的发展。同时，区域经济的发展极大地促进了旅游产业和旅游相关产业的发展，区域旅游也在区域经济一体化的进程中不断实现一体化，最终达到与区域经济的同步化。

（三）全域旅游和农村改革不断丰富区域旅游理念

1. 县域旅游和城镇旅游在全域旅游的理念促进下延伸内涵，不断丰富“全”的理念

传统意义上，区域旅游只重视单一产业的内部化旅游发展，这样的旅游发展理念导致了旅游产业仅仅局限于产业内部，而忽视了旅游相关产业以及对旅游有一定影响的其他产业。这样一方面导致旅游产业与其他产业脱轨，在内涵上难以实现突破；另一方面极大地限制了旅游产业的发展速度，导致其在长期的发展战略中难以调整。近年来，旅游产业的发展理念发生了质的突破，区域旅游也逐渐从传统意义的单一旅游产业发展到现在的全域化发展。

近年来，县域旅游和城镇旅游在全域旅游理念的指导下，发展内涵不断丰富，也积累了一些值得推广的经验：全新的资源观，各个地区在发展区域旅游的过程中，不仅仅重视旅游资源的完善和丰富，更将区域的整体环境纳入到资源的范畴，使得旅游者在区域中不仅仅能观赏旅游资源，还能真正体验到与居住地不一样的旅游环境；全新的产品观，在发展区域旅游的过程中，各地更加重视当地居民的参与，将居民参与纳入到新的产品构建之中，使得旅游者能够体验更加“原真

性”的旅游环境；全新的产业观，区域旅游产业的发展更加强调产业的融合和渗透，并由此而产生的产业聚变，例如旅游产业与农业交叉形成的观光农业、文化与旅游结合的文化主题酒店；全新的市场观，区域旅游发展中，游客与居民并不是非此即彼的关系，其市场主体也不局限于外来的基于旅游目的的游客，也包括内在的基于休闲需求的居民。在新的理念指引下，区域旅游尤其是县域旅游和城镇旅游更加完善①。

2. 乡村旅游在农村发展改革战略的背景下转型化发展，不断拓展“新”的理念

农村发展与改革一直是国家的发展重点，2015 年 1 月和 12 月先后颁布了两个关于农村发展改革的文件，其中重点在于农村如何实现更好的发展。其中《深化农村改革综合性实施方案》文件中提到加快形成新型城镇化和新农村建设双轮驱动机制，但发展新型城镇化绝不意味着让农村凋敝。这表明在发展乡村的过程中，不能一味地消灭乡村建设城市，可以适当地将乡村进行转型，融入“新”的发展理念。

乡村旅游在农村发展改革中占据着重要的地位，近些年全国也有多个乡村因发展乡村旅游而取得较好的成绩。国家旅游局统计，2014 年全国拥有农家乐超过 190 万家，乡村旅游特色村 10 万个，接待游客 12 亿人次，约占全国旅游接待总人数的 30%。乡村旅游营业收入达 3200 亿元，同比增长 15%，带动超过 3300 万农民受益。在发展乡村旅游的过程中，一方面需要保持农村本身的“乡村性”，不改变乡村的本质；另一方面需要避免同质化，创新乡村旅游发展模式，而非单一地吃农家饭，体验农家乐，需要结合各自的乡村的自身状况，找出自身的发展特色和优势，例如创意民居、飞牛牧场等，寻求最佳的发展模式。

---

① 厉新建，张凌云，崔莉．全域旅游：建设世界一流旅游目的地的理念创新——以北京为例［J］．人文地理，2013（3）：130－134.

四、区域旅游发展的对策建议

（一）契合“一带一路、京津冀、长江旅游经济带”等国家战略，打造旅游一体化样本

继续推动“一带一路”旅游合作。在国际上，构建跨国的大区域旅游线路和发展格局，鼓励中国与周边国家旅游的发展与互动，以旅游为契机带动经济的发展及文化的交流，实现大区域旅游的联合发展。在国内，进一步优化“三横两纵”（长江沿线旅游带、中国古老长城旅游带、陇海兰新旅游协作区和京杭大运河旅游带、青藏铁路旅游带）区域旅游空间格局，建立区域内多层次、多渠道、全方位的旅游合作交流机制，建立互联互通的旅游交通、信息和服务网络，加强区域客源互送，实现旅游合作与互联互通建设的相互促进。

在京津冀协同发展、长江经济带国家战略带动下，推动以三大区域中心和十大城市群为载体的区域旅游合作，具体针对不同区域实行差别化发展战略，以充分发挥不同区域的比较优势。推进国家综合旅游发展实验区，国家旅游综合改革试点城市以及专业性的旅游综合改革示范区建设，推广长三角旅游带中上海技术引领、江浙资源辅助型的发展模式，实现区域旅游要素的合理优化配置；推动京津冀旅游圈的构建，强化河北、天津的旅游引导作用提升其战略引导地位，增强旅游带动功能，推动北京旅游流向周边的转移，提升区域旅游经济收益。

进一步完善相关旅游政策的制定，为区域旅游合作创作良好的政策环境；提高地方政府加强政策的执行力，强化其在旅游发展中的统筹、沟通、协调职能；落实相关的法律政策、产业优化措施及监管机制，以保证旅游市场合理、规范、有序发展，加强区域旅游合作的基层建设。

（二）加快推进“旅游 +”“515”战略，拓展区域旅游创新发展空间

“旅游 +”催生新的经济形态，是开启旅游强国大门的钥匙，也是旅游业创新

发展的方向。培育旅游大产业，关键是做好做足“旅游+”大文章。应充分发挥旅游在要素配置中的催化、孵化、放大、集成作用，在社会资源配置中的优化、放大和整合作用，为相关领域发展对接强劲的市场需求，提升全社会的创新活力，不断创造出新产品、新业态、新业务、新模式，构建新的发展生态。乡村旅游、农牧旅游、水利旅游、工业旅游、林业旅游、商务旅游、研学旅游、医疗旅游、养老旅游、健康旅游、休闲度假、文化旅游等，是“旅游+”的重点领域。

旅游业与互联网的深度融合促进了旅游发展方式的转变。应以互联网为平台和发展路径，推动互联网行业与旅游传统企业的互相渗透、融合，形成开放共享的旅游产业运营模式。要对旅游创业企业进行政策上和资金上的扶持，支持在线旅游创业创新及传统旅游企业的创新升级，推动“旅游+互联网”投融资创新，形成平台化、垂直化、细分化的旅游发展体系，拓宽旅游产业链条。继续推进“515”战略，在改革创新中实现旅游业转型升级和全面健康、可持续发展。

（三）有序推进东、中、西和东北“四大板块”区域旅游协调发展

我国区域旅游呈现东部引领，中、西部发展迅速，东北发展势头强劲的趋势，要依照不同区域的发展特征合理、适时、有步骤地推进区域旅游发展。东部地区应充分发挥带动作用，更加注重旅游企业转型升级和旅游新业态的发展，引进及开发新兴的旅游形式，并因地制宜地进行试点建设，同时，有效发挥东部地区的市场及交通优势，形成以东部主要城市为核心的区域性旅游交通网络，向中西部地区辐射；中部地区有效地串联了东西部的区域旅游市场，历年增长最为迅速，潜力巨大，要增强发展其动力，提升发展品质，充分发挥其在“一带一路”中的重要战略地位，并以此为契机，加强对地方政策的引导及旅游产业的扶持，推进基础设施建设，开拓旅游市场，横向上形成串联区内外的大旅游发展片区，实现经济带上的产业链纵向深化，形成中部区域旅游“以点串线、综合联动”的发展格局；西部地区依照“十三五”规划，以生态保护为前提、以资源优势为特色，进一步加大投资力度，顺利承接东中部资源与产业转移，着力打造旅游发展示范基地；东北地区应推动旅游品牌的打造与旅游产品的开发，鼓励旅游市场主体创新，寻求多元化的发展模式与区域旅游承接模式，减少季节性旅游带来的影响，进一步提升战略地位。在全国

范围内，有序推进东、中、西和东北“四大板块”区域旅游协调发展，实现东部地区的稳定转型及其对中西部、东北地区的带动作用，打造特色化、活力化、多极化、全域性的区域旅游发展格局。

（四）进一步推动城乡旅游协同发展

统筹城乡旅游资源，实现乡村旅游与城镇旅游互补发展。重点突出城镇扶持、乡村特色、资源互补的开发路线，统筹城市与乡村旅游资源的协调发展。在生态保护的前提下，重点加强乡村旅游规划，改善乡村旅游发展环境。同时加快城乡旅游一体化组织体系建设，协调城乡旅游发展尺度，以资源互补推动城乡经济要素的流转，提升乡村旅游经济效益，打造乡村旅游与城镇旅游双向发展极。

深化城乡旅游联动机制，实现乡村与城镇客流的互换。推动休闲旅游、周边游的建设，鼓励城镇居民向周边郊区及乡村的旅游流动。进一步完善小区域的交通系统与大范围内的旅游通道，构建“乡村—城市—乡村”的城乡区域旅游闭环，形成以城镇旅游者为核心、以乡村为点线的多层次的旅游圈层体系，实现乡村与城镇客流的互换。

推动农村旅游精准扶贫试点建设，缩小城乡差距。加大政府投资力度，对乡村旅游进行科学规划、广泛试点。实行城镇对农村的“一对一”或“一对多”帮建试点，通过农村贫困户的增收逐渐缩小城乡差距，推进城乡旅游联动发展。着重打造旅游脱贫示范村，将典型案例进行全国范围内的推广。

（五）加大旅游生态环境保护力度，促进生态文明和美丽中国建设

党的十八届五中全会将“生态文明、坚持绿色发展、建设美丽中国”写入“十三五”规划建议，提出了“创新、协调、绿色、开放、共享”的五大发展理念。旅游业要在保护生态环境的前提下，谋求更大的绿色发展空间，构建科学合理的生态安全新格局，促进可持续发展。首先，必须坚持节约资源和环境保护的基本国策，大力发展生态旅游及低碳旅游，缓解游客与当地居民及生态资源间的矛盾。其次，加大政府政策支持力度，扩宽融资渠道，引进更多的大企业参与到旅游环境保护中

来，搭建企业、景区的生态融资平台，降低开发风险。构建以保护为主、开发为辅、生态优先、资金支撑的生态补偿机制。最后，各地方政府依照旅游局下发的《景区最大承载量核定导则》推进各个景区的承载量核定工作，进一步落实各个景区的最大承载量，力争提高景区的人流周转率，实现低流量、高频次、大循环、可持续的旅游流动，同时加强旅游信息化中地理位置的服务（LBS），进行人流的智能调控，避免环境的破坏，杜绝踩踏、拥堵等不安全事故的发生。此外，优化生态旅游法律环境，打造生态旅游的科研、管理团队，跟进相应的通信、装备及保障设施，加强生态旅游基础设施的投入，形成旅游环境监测、科考研学、教育体验的全方位发展体系，同时提升旅游者、经营者、管理者的生态意识，从多个层次上树立大众可持续发展的理念，实现跨区域的生态旅游联动发展。

第五章

台港澳旅游交流与合作的新局面

2015年，两岸四地旅游业的相互依存性越发凸显，内地和港澳、大陆和台湾已互为入境旅游基础市场，各自在对方旅游业中的地位不断巩固。在旅游交流和合作上，两岸四地政府和旅游市场主体均表现出高度的积极性，采取了一系列促进相互往来的新举措，推进了旅游市场的日趋繁荣。为进一步深化两岸四地的交流和合作，未来应该紧抓政策利好的契机，深化区域旅游合作；关注基础市场需求，创新旅游发展模式；搭建多元化互动平台，促进两岸四地旅游交流向纵深发展；协调各方利益，实现旅游业发展成果全民共享。

一、台港澳旅游发展现状与展望

2015年，台、港、澳三地旅游业发展状况有明显差异。台湾地区旅游业发展持续向好，入岛游客和岛内产业规模进一步扩大，旅游业总体运行平稳；香港和澳门旅游业波动较大，两地区到访游客规模和入境旅游收入均出现了下滑，旅游业在各种因素的影响下受挫。

（一）2015年台湾旅游业发展概况

2014年台湾地区接待入岛游客累计991.02万人次，较2013年同比增长23.6%；旅游外汇收入4438亿元新台币，同比增长21.0%。出岛旅游人数1184.46万人次，同比增长9.2%；出岛旅行外汇支出4251亿元新台币，同比增长16.1%；岛内旅游人数15626万人次，同比增长9.6%；岛内旅游收入3092亿元新台币，同比增长13.6%。2015年延续了2014年的增长势头，旅游业发展形势良好。

1. 入岛旅游市场概况

2015 年 1 ~9 月，赴台游客累计 755. 05 万人次，较 2014 年同期增长 4. 11%。中国大陆依然是台湾的主要客源市场，2015 年 1 ~9 月台湾共接待大陆游客 311. 27 万人次，占所有台湾入岛游客人数的 41. 23%。紧随其后的是日本市场，赴台湾游客人数为 114. 89 万人次，占入岛旅客人数的 15. 22%。接着依次为中国港澳地区、韩国、美国、马来西亚、新加坡、欧洲和澳新，赴台旅游人数分别为 111. 77 万人次、47. 02 万人次、34. 18 万人次、28. 15 万人次、24. 39 万人次、19. 73 万人次和 6. 12 万人次，占入岛总人数的比例分别为 14. 8%、6. 23%、4. 53%、3. 73%、3. 23%、2. 61% 和 0. 81%（见图 5 -1）。

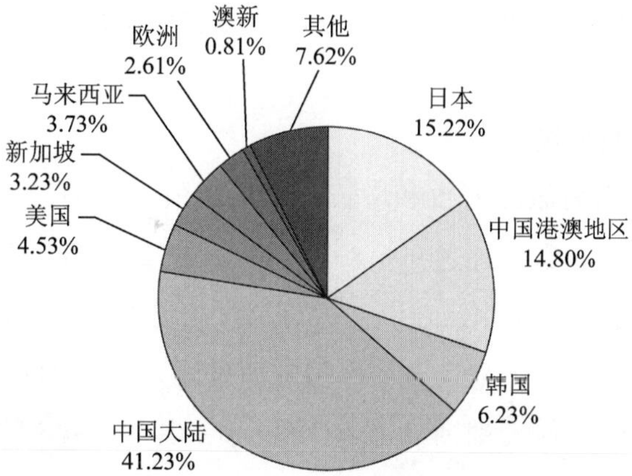

图 5 -1　2015 年 1 ~9 月台湾客源市场所占份额

2015 年，台湾入境市场增速放缓，总体表现不佳。作为台湾的第二大客源市场，日本市场增长略显乏力，1 ~9 月赴台旅客人数较 2014 年同期下滑 3. 43%。与此相对形成鲜明对比的是，同为台湾近程客源市场之一的韩国增长迅猛，游客人数同比增长 23. 34%，增长率位于各大市场之首。其次为中国港澳地区和中国大陆，增长率分别为 6. 85%、5. 16%。马来西亚和澳新市场出现负增长，较 2014 年同期分别下滑 4. 71% 和 -3. 8%。

2015 年 1 ~9 月台湾接待入境游客中，以观光为目的的游客为 534. 88 万人次，较 2014 年同期增长 2. 61%；以业务为目的的游客为 56. 12 万人次，增长率为 -1. 70%。港澳市场延续了以往的增长态势，赴台观光游客和以业务为目的的游客比例均出现正增长，增长率分别为8.04%和8.59%。从以业务为目的的赴台游客人数来看，除了韩国和新加坡出现较小幅度增长外，其他市场均出现一定幅度的下滑，尤以中国大陆为甚，较2014年同期下滑了21.86%（见图5-2）。

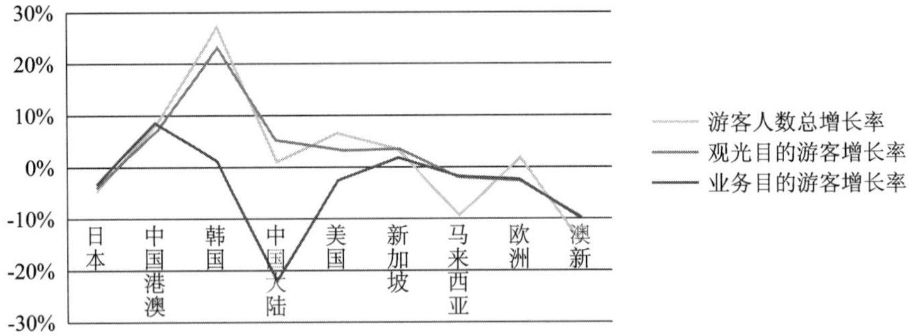

图5-2　2015年1~9月台湾主要客源市场旅客增长率

2. **出岛旅游市场概况**

2015年台湾在出岛旅游人数和增长率两项数值上均超过入岛旅游的相应值，1~9月台湾出岛游客人数总计达996.83万人次，比2014年同期增长10.76%。在台湾居民出岛旅游的目的地中，亚洲所占份额位居榜首，遥遥领先于其他各大洲。2015年第一至第三季度台湾居民赴亚洲国家的旅游人数为932.49万人次，占到了总量的93.55%。其他各大洲所占份额均较小，其中，美洲占4.28%，欧洲占1.3%，大洋洲占0.86%。尽管如此，赴欧洲和美洲的台湾居民人数较2014年同期的增长率却十分可观，同比增长分别达到23.45%和11.66%，均超过了亚洲10.77%的增长率（见图5-3）。

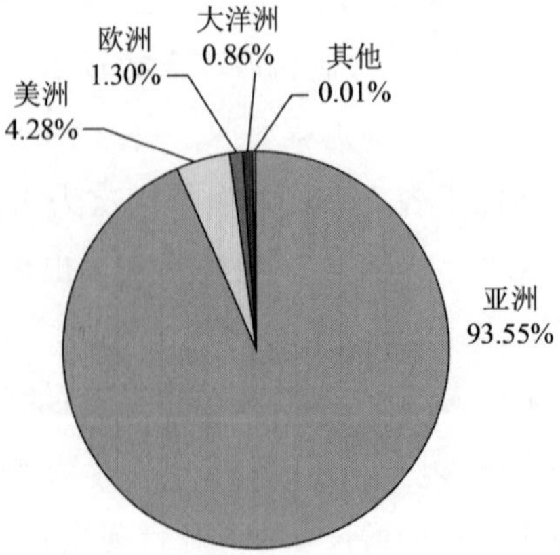

图5-3　2015年1~9月台湾居民出游目的地所占份额

亚洲地区，日本、中国大陆和中国香港成为台湾居民出游的主要目的地。2015 年 1 ~9 月赴上述三个地区旅游的居民人数占到了所有赴亚洲地区旅游人数的 74. 20%，其中赴日本旅游人数为 286. 36 万人次，同比增长 27. 63%；赴中国大陆旅游人数为 254. 21 万人次，同比增长 3. 43%；赴香港旅游人数为 151. 33 万人次，同比增长 -2. 61%。除此之外，韩国也是较受台湾居民青睐的旅游目的地，但 2015 年台湾赴韩旅游人数下滑幅度较大，1 ~9 月共有 35. 97 万人次台湾居民赴韩，较 2014 年同期下降 24. 17%（见图 5 -4）。

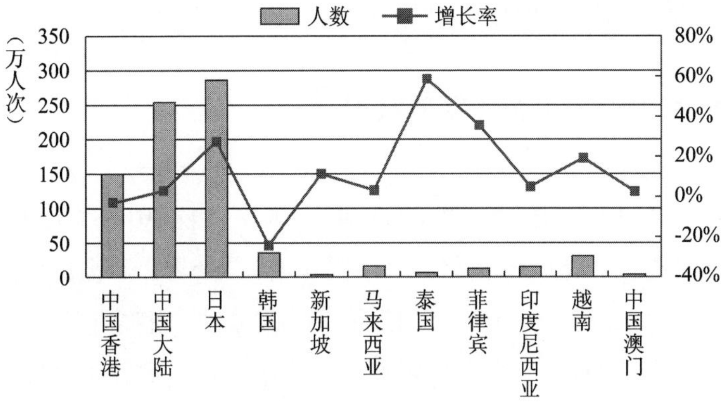

图 5 -4　2015 年 1 ~9 月台湾居民访问亚洲主要旅游目的地旅游人数和增长情况

3. 台湾旅游产业发展概况

（1）旅行业概况

截至 2015 年 10 月 30 日，台湾地区旅行社共计 2755 家（不含分公司），较 2014 年同期增加 128 家。其中，综合旅行社 129 家、甲种旅行社 2409 家、乙种旅行社 217 家，分别较 2014 年同期增加 4 家、118 家和 6 家。全岛导游与领队人数分别为 34552 人和 54436 人，较 2014 年同期分别增加 1602 人和 2402 人。

（2）旅馆业及民宿概况

截至 2015 年 9 月底，台湾地区观光旅馆共计 116 家，较 2014 年同期增加 4 家；客房数 27179 间，较 2014 年同期增加 981 间。其中，国际旅馆 73 家，较 2014 年同期增加 1 家；客房数 20954 间，较 2014 年同期增加 369 间；一般观光旅馆 43 家，较 2014 年同期增加 3 家；客房数 6225 间，较 2014 年同期增加 612 间。一般旅馆也保持了以往的扩展态势，截至 2015 年 9 月底，台湾共有一般旅馆 3384 家，在 2014

年同期的数量上增加了90家；客房数为148037间，较2014年同期增加8470间。除了上述的住宿形态外，民宿也是台湾住宿业的一大特色。截至2015年9月底，全岛拥有各类民宿6263家，同比增加844家；客房数25997家，同比增加3394间。

（3）旅游景区及游乐景点概况

截至2015年9月底，台湾地区拥有风景特定区52处，“国家公园”10处，森林游乐区22处，观光游乐区25处，休闲农场131处，博物馆496处，各级古迹459处，温泉90处，湿地84处，高尔夫球场67座，海水浴场19处，旅游特色街区21处。与2014年同期相比，分别增加风景特定区和观光游乐区各一处。

（二）2015年香港旅游业发展概况

2014年，香港共接待访港游客6083.88万人次，较2013年同比增长12.0%；与入境旅游相关的总消费3590.4亿港元，同比增长8.5%。香港居民出境旅游人数8451.94万人次，同比增长0.1%。2015年，受收紧“一签多行”“占中”、韩国“MERS”、大陆游客被殴毙等事件的影响，香港旅游业发展并不景气，整体接待出现下滑。

1. 访港旅游市场概况

2015年1~9月，访港游客累计4442.43万人次，较2014年同期下降0.53%。其中，中国内地是香港最大的客源地区，游客人数占所有访港人数的78.20%，中国内地以外的短途客源市场占14.4%，长途客源市场占7.4%。长途地区中，美洲访港人数为123.97万人次，是长途市场中唯一出现正增长的地区，较2014年同期增长2%；欧洲、非洲及中东访港人数为153.19万人次，同比下降4.3%；澳新及南太平洋的访港人数为49.47万人次，同比下降6.4%。短途地区中，北亚访港人数为167.85万人次，同比下降4.5%；南亚及东南亚访港人数247.27万人次，同比下降5.3%；中国台湾访港人数150万人次，同比下降3%（见图5-5）。

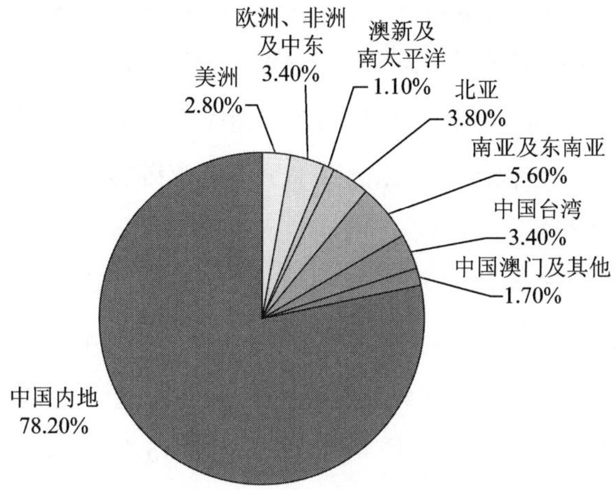

图 5－5 2015 年 1～9 月香港各客源市场所占份额

2015 年 1～9 月的数据显示，香港十大客源市场依次为中国内地、中国台湾、韩国、美国、日本、菲律宾、新加坡、澳大利亚、印度和英国，十大客源市场共占总体市场份额的 92.1%（见表 5－1）。与 2014 年同期比，新加坡和马来西亚下降幅度较大，访港人数分别为 44.79 万人次和 36.60 万人次，下滑了 13.16 个和 8.1 个百分点，马来西亚也从去年排名第 9 跌落到今年的排名第 11。

表 5－1 2015 年 1～9 月香港客源市场游客人次、所占份额及增长率情况

2015 年排名	地区	访港人数（万人次）	所占市场份额（%）	同比增长率（%）	2014 年排名
1	中国内地	3475.14	78.23	0.26	1
2	中国台湾	150.01	3.38	－3.04	2
3	韩国	91.34	2.06	－3.12	3
4	美国	84.73	1.91	2.91	4
5	日本	76.51	1.72	－6.01	5
6	菲律宾	48.63	1.09	6.50	7
7	新加坡	44.79	1.01	－13.16	6
8	澳大利亚	41.54	0.94	－6.49	8
9	印度	39.97	0.90	3.87	10
10	英国	37.93	0.85	0.25	11

2015年1~9月，过夜游客占所有访港游客的44.4%，不过夜游客所占比例为55.6%。其中长途市场过夜游客比例相对较大，占相应市场份额的70.4%，不过夜游客比例占29.6%；短途市场过夜游客比例占相应市场份额的60%，不过夜游客比例占40%；而中国内地过夜游客的比例则小于不过夜游客的比例，二者所占相应市场份额的比例分别为39%和61%。

2015年上半年香港入境旅游总消费1661.46亿港元，与2014年同比下降1.6%。其中，过夜旅客消费964.74亿港元，同比下降8.4%；入境不过夜游客消费415.76亿港元，同比增长11.6%。无论是从旅游总花费还是人均花费来看，中国内地在香港入境市场中占据了极其重要的地位。2015年上半年中国内地过夜游客在香港共消费724.16亿港元，占所有入境过夜游客消费总额的75.06%；中国内地游客人均花费8441港元，高于长途市场过夜游客的6617港元和短途市场的5363港元。在所有的过夜入境旅游消费中，购物为花费的最高支出项，消费总额为575.27亿港元，占消费总额的59.6%；其次为住宿和餐饮，相应比例分别为17.8%和12.4%。

2. 香港旅游产业发展概况

（1）酒店供应及运营概况

截至2015年9月底，香港共有252家酒店，拥有73998间客房，较2014年年底新增酒店8家，新增客房1639间。其中，甲级高价酒店35家，客房18038间；乙级高价酒店89家，客房27512间；中价酒店104家，客房22964间。2015年1~9月，香港酒店经营状况不太乐观，房价和入住率均出现较大幅度的下降，酒店的平均房价和入住率分别为1299元和85.0%，较2014年同期各自下降了10.2个百分点和5个百分点。甲级高价酒店平均房价2211港元，入住率为82%；乙级高价酒店和中价酒店平均房价为1034港元和652港元，二者入住率均为87%（见图5-6）。

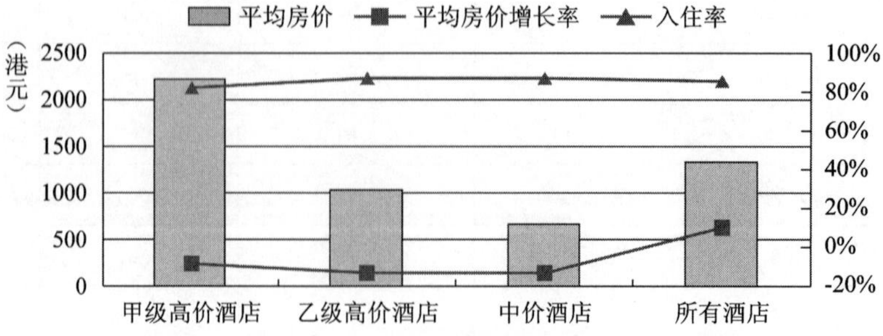

图5-6　2015年1~9月香港酒店评价房价及入住率

（2）邮轮业发展概况

2015 年 1 ~9 月，香港接待邮轮游客总量为 130.22 万人次，同比增长 4.6%。其中过境邮轮乘客（乘坐同一邮轮进出香港）增长幅度较大，2015 年 1 ~3 季度乘坐邮轮在香港过境的乘客为 6.2 万人次，同比增长 72.2%；香港登船或落船的邮轮乘客（有指定行程）也出现了一定幅度的增长，乘客人数为 28.35 万人次，较 2014 年同期增长 9.9%；其他邮轮乘客（无目的地）变化较小，总人数为 95.67 万人次，同比增长 0.6%。从客源地来看，美国和澳大利亚市场增长较快，2015 年 1 ~3 季度赴香港邮轮乘客分别较 2014 年同期增长 18.7% 和 17%。从各市场所占份额来看，中国香港和中国内地居民是香港邮轮市场的主力军，2015 年第一至第三季度香港邮轮出游的居民总人数为 72.01 万人次，中国内地赴香港的邮轮乘客为 38.54 万人次，二者占到香港接待邮轮乘客总数的 84.89%（见图 5 -7）。

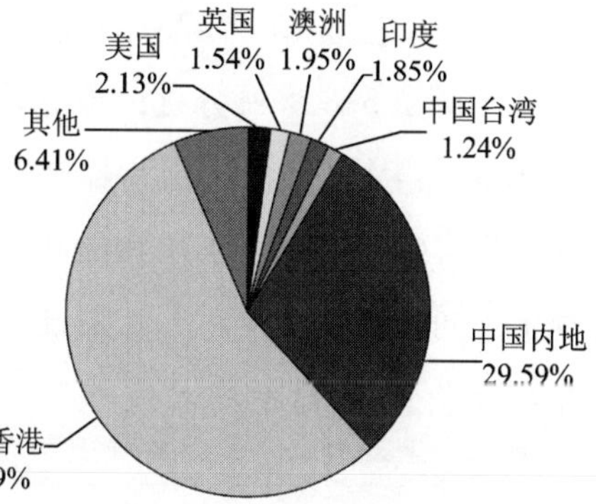

图 5 -7 2015 年 1 ~9 月各客源市场占香港接待邮轮乘客的比例

（3）会奖业概况

2015 年香港会奖业发展不太景气，上半年共接待访港过夜商务会奖游客 80.18 万人次，较 2014 年同期下滑 10.4%。其中，长途市场下滑幅度较大，同比下降了 17.7 个百分点；短途市场和中国内地市场也出现了不同程度的下滑，分别下降了 6.4 和 9.2 个百分点。在所有的会奖游客中，五成以上（50.1%）是中国内地居民。

（三）2015年澳门旅游业发展概况

2014年，澳门共接待入境游客3152.56万人次，较2013年同比增长7.5%；入境游客总消费达4065.2亿澳门元，同比下滑6.9%。澳门居民出境旅游人数为2370.46万人次，同比增长0.75%。受国际经济环境的不稳定、股市波动、汇率变动等多项外围因素影响，澳门2015年接待入境游客出现微幅下跌。

1. 入境旅游市场概况

2015年1~9月，澳门接待入境游客累计2285.40万人次，较2014年同期下降2.9%。中国内地和中国香港是其主要客源市场，二者所占澳门入境游客比例分别为66.6%和21.6%。其中，中国内地2015年第一至第二个季度赴澳门游客累计1520.98万人次，较2014年下降了3.8个百分点；香港赴澳门游客有所增长，累计492.57万人次，同比增长1.3%。从增长率这项指标来看，市场份额排名前列的几大客源地区多数表现不佳，只有中国香港、中国台湾和菲律宾有小幅增长，其他地区赴澳门旅游人数都出现了不同程度地下滑，尤其是日本和马来西亚，分别较2014年同期下降了10.31%和9.75%（见图5-8）。

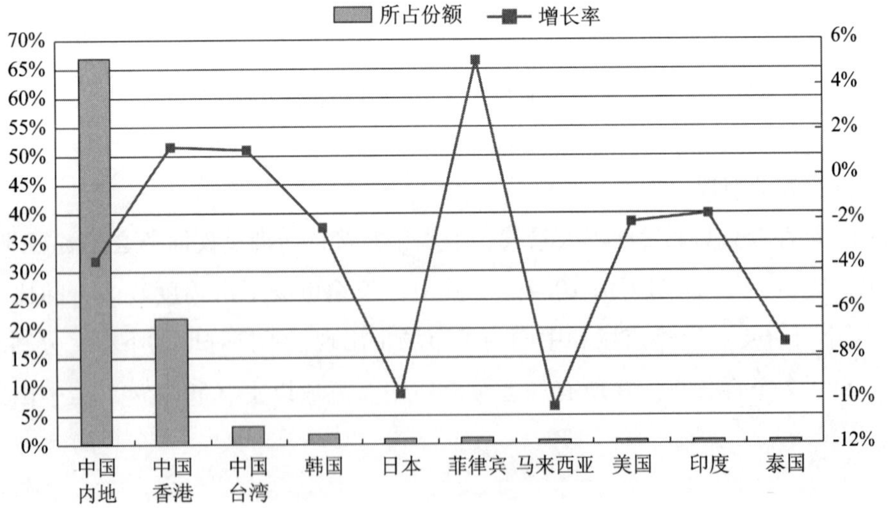

图5-8 2015年1~9月澳门各客源市场所占份额及增长率

2015 年上半年，澳门入境游客总消费 1449. 64 亿澳门元，其中，博彩消费 1206. 87 亿澳门元，其他消费 242. 77 亿澳门元。2015 年第二季度入境游客人均消费为 1668 澳门元，同比下降 22. 1%。其中，不过夜游客人均消费 676 澳门币；留宿游客人均消费 2820 澳门元。从各客源市场消费情况来看，中国内地游客人均消费最高，数额为 2012 元。

2. 出境旅游市场概况

2015 年澳门出境旅游人数出现大幅度增长，第一至第三季度澳门出境旅游人数达 1931. 97 万人次，较 2014 年同期增长 10%。所有出境游客中，有 45. 1 万人次是通过参团的方式出游，66. 62 万人次享受旅行社提供的单项服务。根据出游所采用的交通工具统计，陆路交通为澳门出境游客利用最广的出行方式，占比达到 92. 2%；其次是海路交通，占比 6. 28%；空路交通占比最小，为 1. 6%。

3. 澳门旅游产业发展状况

（1）酒店业概况

截至 2015 年 9 月底，澳门共有酒店 107 家，客房 30526 间。1～9 月澳门酒店平均房价和入住率均出现下滑，其中，平均房价为 1496. 6 澳门元，与 2014 年同期相比下降了 6. 2%；平均入住率为 80%，同比下滑 6. 3 个百分点；接待住客总数为 760. 43 万人次，同比下降 5. 7%。

（2）旅行社和餐饮业概况

截至 2015 年 9 月底，澳门共有旅行社 222 家、餐厅 361 家，比 2014 年年底分别增加了 12 家和 15 家；导游 1815 名，比 2014 年年底增加了 17 名。

（3）澳门会展业概况

2015 年上半年，澳门举办会议和展览活动 424 项（会议 398 场，展览 26 场），与 2014 年同比减少 15. 7%；与会者及入场观众为 65. 42 万人次，同比减少 19. 6%，其中，与会者减少 17. 4%，展览入场观众减少 19. 7%。使用场地总面积为 27. 9 万平方米，平均会期和展期分别为 2. 2 天和 3. 2 天。

二、两岸四地旅游市场交流与合作新动态

2015年，两岸四地旅游交流与合作迈上一个新的台阶，旅游业各界均以更加积极的姿态参与其中。各类促进业界合作的推介会、交流会、旅游合作项目层出不穷；加强旅游市场拓展的新举措、新方法不时推出，旅游合作与交流日渐深入。

（一）两岸四地旅游合作步入新的发展期

两岸四地政府一如既往地在旅游交流和合作中发挥了主导作用，签订了一系列促进合作与往来的战略协议。可以从各项数据看出，内地与港澳、大陆和台湾现已互为入境旅游主要客源市场，各自在对方旅游业中的地位不断巩固。然而在旅游交流规模日趋增大的同时，也出现了一些摩擦。

1. 两岸四地各级政府积极推动区域大融合

新的经济社会发展背景下，两岸四地政府以更好地发挥旅游业积极功能为立足点，在旅游区域合作上不断寻找新的突破口，多途径加速区域旅游产业融合发展。在ECFA和CEPA基本框架下，各级政府部门自上而下地签署了一系列旅游战略合作协议。如2015年6月，国家旅游局与澳门特区政府旅游局签署《内地与澳门关于建立促进澳门世界旅游休闲中心建设联合工作委员会的协议》，以协调解决澳门“世界旅游休闲中心”建设过程中出现的涉及旅游区域合作、旅游政策协调等问题。2015年9月，甘肃省旅游局、省旅游协会，分别与台湾观光协会、台湾旅行商业同业公会总会、台湾旅游品质保障协会、高雄市旅行商业同业公会、山富国际旅行社股份有限公司签署了《关于加强旅游交流合作》《关于提升双向旅游品质合作协议》《旅游市场开拓及客源互送合作协议》等多项协议，拟从市场、产品、营销等方面推进两地之间的无障碍旅游合作。与此同时，两岸四地共同举办了多场研讨会，对话越发深入和频繁。2015年10月，由中国旅游研究院和香港总商会联合主办、香港迪士尼乐园支持的香港旅游业可持续发展研讨会在香港召开，会议就“区域竞争

中的制胜之道”进行了探讨，加强了两地旅游业人士思想的交流与碰撞。

2. 内地和港澳、大陆和台湾已互为入境旅游基础市场

两岸四地签证日益放开、旅游手续的逐步简化和限制政策不断减少促进了民众之间更加密切的往来。2015 年 4 月，台湾新增海口、呼和浩特等 11 个对大陆居民开放个人游的城市，为大陆游客提供了更加多样化的出行方式；而且在 2015 年年初，台湾还出台了针对大陆开放自由行城市户口游客的“落地签证”政策，即游客只要事先到中国大陆出入境管理部门申请好“大陆居民往来台湾通行证”和旅游签注，到金门、马祖及澎湖“小三通”观光，可以选择不在大陆办理入金证，直接去金门、马祖入境前在海关申请“落地签证”即可。这些措施都进一步方便了大陆居民的出游。从旅游业人次和旅游收入统计数据来看，内地和港澳、大陆和台湾在对方入境旅游市场中地位的重要性不言而喻。2015 年第一至第三季度，大陆游客占台湾入岛游客比例的 41.1%，内地游客占香港和澳门入境游客比例分别为 78.2% 和 66.6%；台港澳游客共占我国入境旅游的 80.8%。2015 年上半年中国内地游客赴香港和澳门的过夜旅游者平均消费为 8441 港元和 2820 澳门元，均高于两地的入境游客人均消费，尤其是香港，其入境游客消费中有 81.3% 的是由中国内地游客创造的。内地和港澳、大陆和台湾已互为入境旅游基础市场，可以说是在相互依存中发展。

3. 旅游交流规模扩大和港澳台地区承载力矛盾凸显

随着中国内地赴港旅游人数的增多，旅游者与当地居民之间的摩擦也是此起彼伏。“蝗虫歌”“导游阿珍”“占中”“小童便溺”等事件让香港居民和内地民众之间的间隙与隔阂日渐拉大，旅游业在社会矛盾演化中遭受重挫。2015 年 1 ~ 9 月中国内地赴香港游客几近零增长，特别是自 6 月以来，连续 4 个月出现下跌，月增长率较 2014 年同期最大跌幅将近 10%。香港“购物天堂”的旅游形象在大陆民众心目中也是一落千丈，在游客选择日臻多元的背景下其吸引力有所下降。这种因旅游活动而导致的客源地与目的地民众之间的摩擦，从本质上反映了旅游市场规模日渐增长与目的地承载力不足之间的矛盾。赴港内地游客在旅游过程中，不可避免地要与香港居民共享当地的基础设施、公共服务等，当这种共享维持在目的地容量范围

内时，旅游者与居民还能和睦共处，保持友好的交流与联系，然而当目的地的承载力不足以支撑起入境游客需求时，外地游客的进入对当地居民来说就变成了一种对资源的抢占，极易引起当地居民的反感。近几年内地赴港的游客逐年增多，然而香港的接待能力却没有得到相应的提升，加上一些外部因素，就导致了上述所说的各种摩擦的发生。

（二）两岸四地旅游交流开创新局面

旅游交流除了以往的推介会外，业界更加注重模式的创新和合作的实效。

1. 相互促销、联合促销更加频繁

2015年国家旅游局将旅游年主题确定为“美丽中国——丝绸之路旅游年”，分别在香港和澳门开展了两场近300人的业内推介，三场面对港澳几万市民的广场活动推广，展示了内地丰富独特的旅游资源和快速发展的交通运力以及精品旅游线路和产品，为内地和港澳旅游企业搭建了高效平台。为了维护香港在内地居民心目中良好的旅游形象，香港旅发局屡出新招，如组织参加各种展览会、加大旅游产品对内地游客的优惠力度等。此外，2015年11月，香港商务及经济发展局局长苏锦樑在北京与国家旅游局官员会面后宣布，在此前“旅游配对基金”的基础上再额外拨款500万港元给予旅发局加强“优质诚信香港游”宣传。在一年一届的海峡旅游博览会和中国国际旅游交易会中，台湾、香港和澳门2015年的参展范围和行业更加广泛，参展商数量较2014年更多。福建、河北、天津等10个“海上丝绸之路”沿线省份旅游主管部门借助海峡旅游博览会平台和香港、澳门旅游机构联合组建了“中国海上丝绸之路10+2旅游推广联盟”，共同开展海上丝绸之路旅游推广活动。同时，内地各省市和港澳台各地区也十分积极，相互之间举办了多场推介会、联谊赛、交流会，并通过邀请对方旅游踩线团实地考察、采用各种促销优惠等方式，进一步深化了两岸四地的交流合作。

2. 产品创新推动旅游交流深入

2015年第一至第三季度数据显示，中国内地居民赴香港和澳门过夜旅游人数只

占四成左右，平均停留时间较短。为了延长游客在目的地的停留时间，加深游客在目的地的旅游体验，两岸四地旅游业界可谓是煞费苦心。一些旅游经营者跳出传统的产品设计思维圈，力图以跨业合作、小众需求为新的切入点来另辟蓝海。

2015 年 10 月，迈游网携手阿里旅行、香港迪士尼乐园、香港 DFS 免税店、香港航空、香港奥特莱斯推出了《魅力香港》系列高端香港旅游产品，荟萃多项极致旅游服务体验，首开先河与 Gucci、FENDI、Burberry、Cerruti 1881、Armani 等国际奢侈大牌跨界合作，以期借此打造高品质的香港旅游形象。与此类似的是，台湾也于 2015 年 7 月首发“看见台湾系列 6 日深度之旅 VIP 贵宾团”，新推针对大陆高端游客的旅游产品，集聚各类特色旅游项目（如部落旅游、体验当地宗教活动等），打破了一提到台湾大家就只能联想到日月潭、阿里山等传统热门旅游景点的局面。这些产品都有效地丰富了旅游市场供给，不但有利于提升旅游质量，而且让到访游客有了更多的选择，进而扩大了目的地的市场容量。

3. 旅游交流合作更加务实

两岸四地旅游合作的高效务实可以从各种落地的旅游协议中窥见一斑。2015 年 3 月，香港卫视国际传媒集团与湖北省襄阳市人民政府达成协议，共同开发“汉水文化旅游展示区项目”，一期项目已于 5 月启动，标志着两地旅游业跨产业合作又上一个新的阶段。2015 年 11 月，在海南岛赴高雄举办的推介会上，远东航空与海南康泰国旅签署了开通高雄至海口、三亚旅游包机协议，高雄至海口旅游包机预计 2016 年 3 月 1 日正式开通，进一步提高了游客往来的便利性。2015 年，中山市将神湾镇磨刀岛吉宝盛世湾项目作为中山市与澳门特别行政区“点对点”合作交流试点予以重点建设，积极推进中山—澳门游艇自由行项目的实施，加快游艇自由行配套设施的建设步伐。目前 CIPQ 联检大楼已经建成，中山—澳门游艇自由行项目硬件建设基本完工，游艇旅游线路也初步拟定，有力地推动了两地的经济文化交流。

三、促进两岸四地旅游交流合作的建议

两岸四地旅游业可谓是唇齿相依，休戚与共，区域合作将成为未来各地旅游业

长足发展的必然选择。随着国家各种战略的制定，两岸四地旅游业的合作与交流也拥有了更为有力的支撑，未来需要进一步在旅游合作空间、旅游发展模式、旅游互动平台等方面取得突破。

（一）抓住“一带一路”战略契机，深化区域旅游合作

旅游业在保持经济社会繁荣和促进两岸四地和平稳定关系中发挥着独特的作用。随着国家“一带一路”战略的实施，旅游业正面临着新一轮的发展机遇。特别是香港和澳门，作为21世纪海上丝绸之路的重要节点，其与内地的合作空间得到进一步拓展。两岸四地政府要紧抓这个利好政策，树立更加开放的竞合意识，深化区域旅游合作，积极释放旅游业在“一带一路”发展中的动力。首先是树立更加开放的竞合意识。要打破旅游发展的行政区划界线，积极推动各区域的旅游资源互补，加强旅游产品的联合开发，将两岸四地打造成一个“大旅游经济圈”，实现要素、信息、人才、技术等共享和自由流动，共同提升区域国际竞争优势。其次是政府要注重发挥自身的主导作用和激发企业的积极性。两岸四地政府一方面要破除区域合作的体制障碍，促进区域间基础设施、公共服务的有机衔接，为区域旅游合作创造有利条件。另一方面区域合作的最终具体实现形式是通过企业间的合作得以实现的，企业合作与否将直接决定区域合作的成败。因此，区域的合作不能仅停留在以政府为主导的各种协议上，应当优化市场主体合作的环境，引导企业主动参与其中。

（二）关注基础市场需求，创新旅游发展模式

随着两岸四地旅游政策的放开，旅游者旅游方式也发生了较大变化，个人游在旅游者中所占比例逐渐增大。2014年大陆居民赴台个人游近118.65万人次，较2013年增长了127.1%，占所有赴台大陆居民旅游人数的36.6%；内地居民访港和访澳个人游人数分别为3133.54万人次和1127.65万人次，占相应的访港和访澳内地居民人数的66.3%和53.1%。个人游旅游者与团队游旅游者在旅游需求、行程安排等众多方面上存在较大的差异，个性化和异质化体验成为其追求的目标。尽管如此，当前港澳台的旅游建设依然略显滞后，沿袭的还是过去标准化产品需求时代的

发展思路，即重点建设和宣传传统的一些核心热门景点，试图以其满足所有旅游者的需求。这种发展理念在新的时代背景下必然会呈现出众多弊病，如热门景点超载、景区游人拥挤、景点环境遭受破坏、游客体验质量下降等。旅游是一项体验感非常强的活动，旅游者在旅游过程中所体验到的社会、经济、文化氛围都会影响到旅游者对目的地的评价。个人游旅游者和团队游旅游者在体验范围和内容上往往并不一样，例如对于赴台湾旅游者的团队游旅游者来说，书店很少进入他们的旅游行程，而对于大多数个人游旅游者来说，他们都把台湾的书店作为必去体验的重点项目之一。因此，港澳台需要打破旅游业“吃老本”的现状，关注不同群体独特的市场需求，进一步创新旅游发展模式，提供更为丰富的旅游产品形态。

（三）搭建多元化互动平台，促进两岸四地旅游交流向纵深发展

未来两岸四地要进一步搭建多元化的互动平台，建立双向的旅游合作交流机制，促进官、商、学、研各界旅游交流朝着纵深方向发展。一是搭建涵盖各类旅游企业的交流平台，让大小旅行商、投资商均能参与其中，并于交流中主动寻找合作机会。借此来组建一批跨区域的旅游市场开发和建设联盟，推动旅游企业在旅游产品创新、旅游市场促销、旅游跨产业融合、市场信息共享等方面展开合作，切实解决旅游市场中存在的各类问题。二是搭建学术研究对接平台。加强跨区域跨领域的学术研究交流合作，整合各地研究成果，协作制订跨区域的学术研究计划，共同开拓旅游学术研究的新领域，推进旅游学术研究更加高效繁荣。三是搭建旅游人才协同培养平台。推动两岸四地旅游高校、旅游职业院校和各类教育机构共同探讨学科建设和人才培养模式，加快推进新型人才培养机制的建立和高层次复合型旅游人才的培养步伐，促进两岸四地在人才服务上全方位、多层次的交流与合作。

（四）协调各方利益，实现旅游业发展成果全民共享

旅游业的发展通常使得目的地的利益格局发生较大的变化，这种变化如若未能平衡各相关者的利益，往往就会对社会的和谐造成一定的影响。近年来中国内地（大陆）旅游者规模的迅速扩大对港澳台的经济做出了巨大的贡献，然而经济收益

的不均衡分配却也导致了一些社会矛盾的发生。与旅游业密切相关的景点、餐馆、酒店、零售业、出租车等行业以及相关从业者受益较大，这些人员对旅游业抱乐观和支持的态度；而多数不能明显感受到旅游业直接收益的当地居民，却往往承受了旅游发展带来的负面效应，如交通拥挤、物价上涨、环境恶化等，他们往往较容易持反对的态度。旅游业要实现可持续发展，就必须找到各利益相关者的利益诉求点，权衡各方利益需求，让全民共享旅游业发展的成果。

第六章

世界旅游发展态势与中国旅游业的国际化发展

2015 年世界旅游业的增速仍然高于世界经济的增速。虽然世界经济持续低迷，地区冲突没有停止，但旅游业延续了 2014 年的中低速发展势头。中国出境旅游对世界旅游业发展的影响日益加深，入境旅游保持平稳发展态势，综合效益持续提升。旅游在国家外交事务中发挥的作用更加凸显，"一带一路"国家战略激活旅游外交新使命。

一、世界旅游业发展形势和趋势

（一）2015 年世界旅游业发展状况

1. 市场增幅超过年初预期，相对强劲的汇率波动影响旅游流向

虽然世界经济持续低迷，地区冲突没有停止，但旅游业延续了 2014 年的中低速发展势头。据 UNWTO 统计，2015 年 1～8 月，世界入境过夜游客总人数 8.1 亿人次，较 2014 年同期高出 3300 万人次，同比增长 4.3%，超过年初增幅 3%～4% 的预期（见图 6－1）。

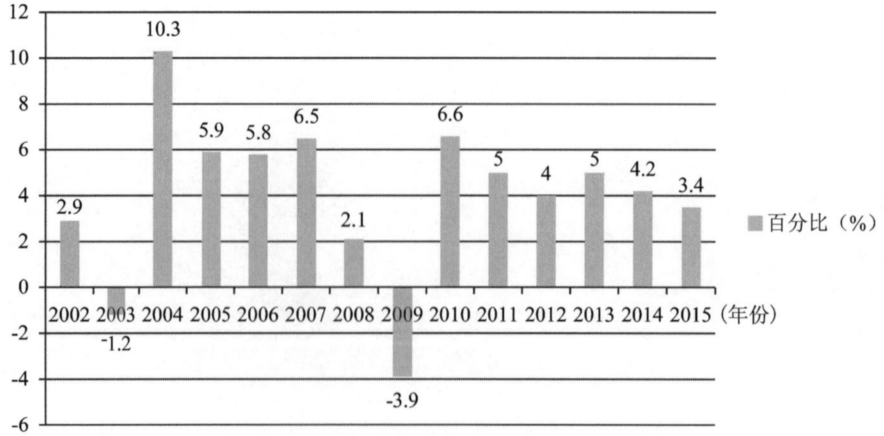

图 6－1　近年世界入境过夜游客规模增长比较

数据来源：世界旅游组织晴雨表 2015 年 10 月；2015 年数据为预测值。

从2015年1~8月情况来看，1~3月的海外游客增长率为4.8%，4~6月的海外游客增长率为3.8%，7月增长率为5.7%，8月增长率为3.5%；其中，5月份的同比增幅最大，增幅达6.3%；6月缩减至2.1%（见图6-2）。6~8月旅游市场的增长主要源于欧洲需求的强势增长，6~8月欧洲地区同比增长率分别为2.9%、7.0%、4.7%。总体来看，世界旅游呈现平稳增长趋势。

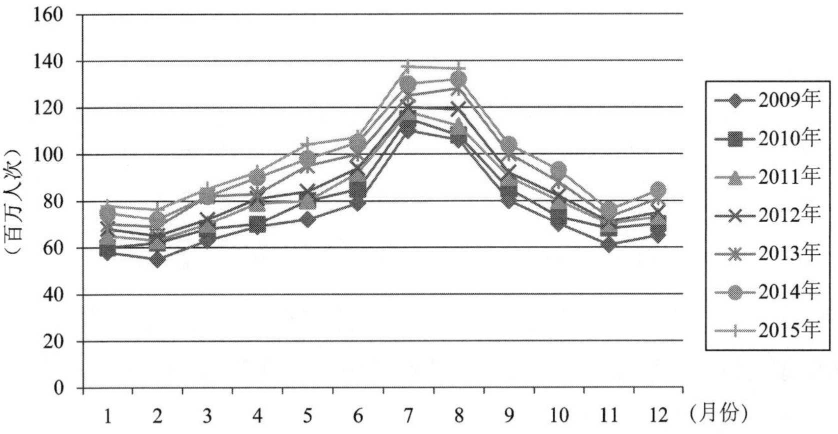

图6-2　2009年1月~2015年8月世界入境游客数量情况

数据来源：世界旅游组织晴雨表2015年10月。

从区域来看，各大区域市场均有增长。2015年1~8月，欧洲地区的增幅最高，比2014年同期增长5.3%；排在其次的是亚太地区和美洲地区，增长率分别为4.3%和4.2%。具体说来，加勒比海地区、欧洲中东部地区以及中美洲地区旅游业增幅最为显著，加勒比海地区增长率达到7.1%，欧洲中东部地区以及中美洲地区增长率达6.8%；南欧、北欧、东南亚、大洋洲旅游增长也较快，增长率均在5%以上。中东地区增长较慢，增长率为3.6%。表现最差的是非洲地区，由过去的正增长转为了负增长，增长率为-5.4%，远低于3%~5%的预期（见表6-1）。此外，受国际政治局势不稳和IS恐怖组织影响，2015年下半年旅游市场增长幅度将有所放缓，预计全年增长率将低于4%。

表6-1　2015年世界各地区国际旅游接待量增长速度预测（%）

地区	2014年	2014年预测	2015年1~8月	2015年预测
全球	4.2	4~4.5	4.3	3~4
欧洲	2.4	3~4	5.3	3~4
亚太地区	5.7	5~6	4.3	4~5
美洲	8.4	3~4	4.2	4~5
非洲	1.8	4~6	-5.4	3~5
中东	-2.9	0~5	3.6	2~5

数据来源：世界旅游组织晴雨表2015年10月。

从接待海外游客的情况来看，虽然赴发达国家的游客增幅绝对值更大，但赴新兴市场国家与发展中国家旅游的游客增幅上升势头非常明显。根据当前数据，赴新兴市场国家与发展中国家旅游的游客增幅由2014年的2.5%上升为4.1%，而赴发达国家游客人数涨幅由5.7%下降至4.5%。

货币汇率对于旅游流有较大影响。中国出境旅游人数继续保持着两位数的增长率，对世界旅游业的贡献进一步扩大。在新兴经济体中，印度、南非和埃及等旅游消费支出的增长率也在两位数以上，而俄罗斯联邦和巴西的旅游支出则明显下降。在发达经济体中，美国（9%）、英国（5%）显示出较为强劲的需求，反映出其经济和货币的坚挺，德国和意大利次之（3%），而法国、加拿大、澳大利亚的需求较弱，原因之一正是本币兑换美元的贬值。

2. 欧元区的改善有力支撑了国际航空客运市场增长

据国际航空运输协会（IATA）发布的两舱数据报告显示，2015年1~10月，全球旅客周转量（RPKs）总量增长7.5%。低票价对航空旅游增长有较大刺激作用，尤其是休闲旅游。2013年至2014年年初，两舱客运增长速度比经济舱客运增长速度更快，提高了两舱客运在全球客运总量的占比，对航空公司总收入和收益增长起到推动作用。但这一趋势在2015年发生逆转，经济舱客运量增长更为强势。不断下滑的票价为价格相对更为敏感的经济舱客运市场提供了有力支持。

STR Global的研究数据显示，截至2015年1~10月，全球酒店业在三大关键绩效指标上各有不同表现。中东和非洲的酒店呈下降趋势，而欧洲、亚太、美洲地区均呈增长趋势。与2014年10月相比，中东次大陆的入住率下降4.6%；平均每日房价（ADR）下降12.3%，至200.66美元；每间可销售房收益（RevPAR）下滑16.3%，至135.24美元。北非和南非次大陆入住率下降0.3%，至62.3%；平均每日房间（ADR）下降4.9%，至111.85美元；每间可销售房收益（RevPAR）下滑4.6%，至69.70美元。欧洲入住率增长2.5%，至76.1%。平均每日房价（ADR）增长6.5%，至117.78；每间可销售房收益（RevPAR）增长9.2%，至89.58美元。亚太地区入住率增长0.8%，至71.7%；平均每日房价（ADR）增长1.7%，至113.50美元；每间可销售房收益（RevPAR）增长2.6%，至81.42美元。美洲地区入住率增长1.2%，至68.5%；平均每日房价（ADR）增长5.2%，至$123.74；每间可销售房收益（RevPAR）增长6.5%，至84.8美元。

中国游客的增长抬高了部分地区的房价。2015年1~9月，悉尼和墨尔本酒店的平均入住率高达近88%，悉尼酒店的房间价格上涨7%，墨尔本酒店的房间价格上涨5%，中国游客人数创新高是重要推动力量。

3. 旅游业对全球GDP的综合贡献持续提升

据世界旅游与旅行理事会（WTTC）数据，2014年旅游和旅行对GDP综合贡献达75809亿美元，占GDP比重约9.8%；直接提供1.05亿个就业机会，占全部就业的3.6%；直接和间接提供2.77亿个就业机会，占全部就业的9.4%；全球游客的海外花费达13838亿美元，占全年出口总额的5.7%；旅游和旅行行业涉及的资本投入为8144亿美元，占全部投资总额的4.3%。WTTC预计，2015年旅行与旅游行业继续好于整体经济，将保持连续6年来的正增长。

4. 旅游外交不断提升我国旅游业的国际影响力

2014年，中国出入境旅游规模近2.5亿人次，是世界第一大旅游消费国和第四大入境旅游接待国。其中，中韩旅游互访人数突破1030万人次，首次迈入“1000万人时代”；中美旅游往来规模总量达到428.1万人次；中日、中俄、中印、中东欧的旅游交流规模也在迅速扩大，有力增进了民众间的相互了解和彼此信任，为中国与这些国家外交关系的发展做出了积极贡献。

旅游业日益成为对外关系的重要战略性产业，2015 年 7 月，国家旅游局局长李金早作为习近平主席特使，前往汤加出席图普六世国王加冕典礼，并受邀参加了国王巡礼。在新中国历史上，这是国家旅游局局长首次以国家主席特使的身份出访，是一个极具标志性的事件。习近平主席在近两年的国际重大会议及活动中至少有 18 次提及旅游，并多次强调未来 5 年中国出境旅游的人数，阐明其将持续为世界带来巨大机会与利益，突出彰显了旅游外交的影响力。

（二）2016 年世界旅游业发展展望

1. 全球旅游业保持中低速增长

2016 年，全球经济可望继续复苏，各类经济体间的增速差异进一步缩小。发达国家对全球增长的贡献率有可能出现回升，改变其自 20 世纪 80 年代以来持续下降的态势，其中美国经济保持增长态势加上美元升值，将进一步刺激美国出境旅游市场增长。预计 2016 年世界旅游业仍将持续增长，但增长幅度将有所放缓，增幅预期3% ~4% 。中国、美国、英国、德国、印度、南非等将保持较为强劲的国际旅游需求。

2. 信息技术对旅行和旅游的影响持续深化

移动互联网的重要性更加显现出来。全球商务旅行协会（GTBA）以及美国运通最近对一组英国商旅客进行了调查研究。结果显示，千禧一代中，39% 更乐意使用打车 APP，48% 的人出差仍依赖社交媒体，62% 的人认为旅游移动 APP 让出差更加便利，35% 会使用移动支付。另有调查显示，越来越多的美国旅行者通过移动设备来预订旅行产品，移动端预订也将持续增长，逐步挤压 PC 端预订空间。在中国市场，支付宝、微信支付等移动支付已经嵌入到人们生活的各个场景中，普及度相当高。提升移动端预订体验是整个旅游行业的趋势所在，谁能在移动领域获得领先地位，也意味着谁能更好地迎合用户，获取更多的市场份额。

大数据营销是另一个重要趋势。很多酒店借助大数据进行会员的精准营销。如家提出，酒店升级销售的关键就在于通过数据分析识别客人，因此要预测客人在预订和入住期间的需求差异，并据此为其提供个性化的产品和服务。

信息化还促进了自助服务。有报道称，到 2018 年，77% 的机场将为自助值机亭配备行李牌打印功能，而 68% 的机场将提供无人值守自助行李托运和登机服务。

3. 警惕贸易保护主义和恐怖主义的不利影响

2015 年 11 月 23 日，美国国务院罕见发布“全球旅行警告”，警告美国公民要随时警惕“正在不断加大的恐怖袭击威胁”。美国这一全球旅行警告的有效期将一直持续到 2016 年 2 月 24 日。美国拉响全球旅游警报，其中受伤最深的就是欧洲游。美国是欧洲旅游最大客源国，这个旅游警报可能让更多美国人放弃欧洲游。旅游收入减少，对欧洲经济来说是严重打击。

二、我国国际旅游发展状况与政策建议

（一）入境旅游市场保持平稳发展态势，综合效益持续提升

1. 入境旅游市场下降趋势得到了初步遏制

2014 年全年共接待入境游客 12849.83 万人次，同比下降 0.45%。其中，接待入境过夜游客 5562.20 万人次，同比下降 0.11%。虽然入境游客总量与过夜游客仍处在下降区间，但下滑幅度同 2013 年（-2.51% 和 -3.53%）相比已经明显减少。过夜游客数量位居世界第四，仅次于法国、美国、西班牙。在入境游客总量小幅下降的同时，外汇收入实现了大幅提升，意味着入境游客的人均消费是增长的。2014 年我国入境旅游按新口径测算实现国际旅游收入 1053.8 亿美元，增长速度远高于 2011 ~ 2013 年 4.09% 的年均增长率。在入境旅游前 18 大客源国中，韩国、美国、越南、蒙古、新加坡、印度、德国等 7 个国家的旅华市场规模呈上升态势。在中韩旅游年以及中印旅游年的推动下，韩国赴华旅游市场同比增长 5.4%，印度赴华旅游市场同比增长 4.9%。受益于海峡两岸经济文化和民间交流的持续深化，来大陆旅游的台湾游客数量也增长了 3.94%。

2015 年我国入境旅游进一步企稳，预计同比增长可达 4%。值得注意的是，在我国入境旅游市场中外国人市场表现不佳，1 ~ 10 月同比增长仅有 0.8%。特别是主

要客源国日本、俄罗斯、印度尼西亚等国的入境游客人数下降明显。其中，日本、蒙古下降7.0%，新加坡下降5.9%，印度尼西亚下降4.7%，俄罗斯的下降幅度更大，达到27.6%。上升幅度较大的国家主要有：越南（33.6%），韩国（7.0%），泰国（5.3%）（见图6-3）。接近七成的入境客源市场集中在前十大客源国，在政治经济局势难以改变的情况下，旅游部门应加强在主要客源国有针对性的市场营销，并尝试寻找替代性的市场。

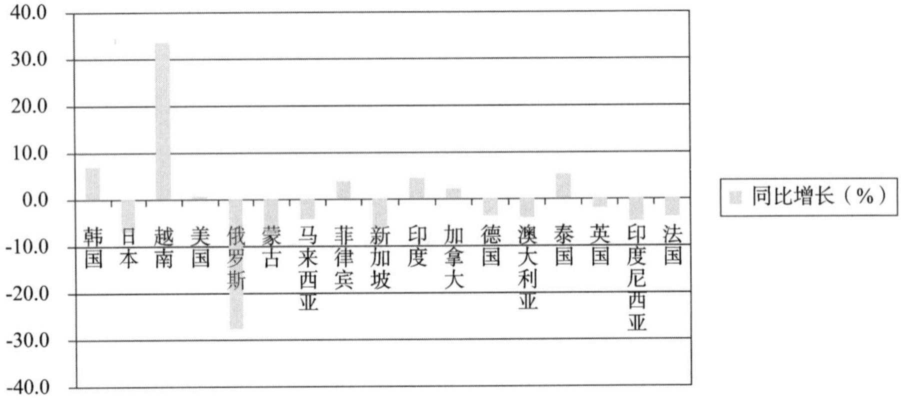

图6-3　2015年1~10月中国主要客源地入境旅游者同比变化情况

数据来源：国家旅游局。

2. 入境旅游仍有较大提升空间

（1）通过互联网和新媒体对外宣传推广国家旅游新形象的力度仍需加强

“美丽中国之旅”的国家旅游新形象有待进一步树立和强化。中国旅游研究院近期入境旅游市场抽样调查问卷表明：76%的外国游客认为长城是中国的代表，也是古老中华文明的象征。外国游客印象深刻的多为自然与文化元素，如熊猫、故宫、黄河、乐山、长江三峡等，而对“美丽中国之旅”国家旅游新形象中所包含的“经济建设之美、政治建设之美、文化建设之美、社会建设之美、生态文明建设之美”缺乏系统和深入的认识。

境外客源群体对中国的关注度相对不足。《中国入境旅游发展年度报告2015》的相关研究结论显示：新闻媒体（CNN、BBC等）依然是入境游客获取境外旅游信息的最主要渠道，其次为社交媒体（Facebook、Twitter等），其占比分别为23.1%和17.6%。由于对互联网和新媒体的开发利用不足，境外客源群体对中国作为旅游目的地的关注度已相对不足。2014 年环球舆情在境外所做“境外客源市场对中国的认知调查”显示：境外潜在客源市场对印度为旅游目的地的搜索量同比增长 21%，对泰国的搜索量同比增长 19%，对土耳其搜索量同比增长了 13%，对新加坡的搜索量同比增长 10%，而对中国的搜索量同比仅增长 7%。

（2）旅行费用偏高和签证手续烦琐已成为阻碍境外游客赴华的主要因素

缺乏价格优势导致我国入境旅游产品竞争力相对弱化。近年来，人民币汇率在波动中持续升值，而周边国家与地区货币竞相贬值，从而在一定程度上降低了我国旅游价格竞争力，境外游客被分流。世界经济论坛 2015 年 5 月发布的《旅游业竞争力报告》显示，全球旅游业最具竞争力的 10 个国家分别是西班牙、法国、德国、美国、英国、瑞士、澳大利亚、意大利、日本及加拿大。中国排名第 17 位，落后于新加坡（第 11 位）、中国香港（第 13 位）等周边国家与地区。其中缺乏旅游产品价格优势（该项指标中国排名第 34 位）是影响中国旅游竞争力的重要指标之一。

签证手续烦琐和语言障碍影响境外游客赴华意愿。2014 年环球舆情所做“境外客源市场对中国的认知调查”显示：受访客源群体中，逾八成没有来过中国，其中五成表示很有意向来中国，但对“听不懂中国语言”和“签证手续烦琐”顾虑最多。在没有来过中国的受访者中，有三成表示未来不会来中国，这其中最大的负面影响因素是“旅行费用高”和“空气质量差”。由此可见，语言障碍、签证手续、旅行费用、空气质量等负面因素，共同制约了中国入境旅游的发展空间。

（3）入境游客对目的地旅游公共服务的敏感度进一步上升

伴随入境旅游从“定点式”的景区景点向更加广域范围的目的地旅游/城市旅游发展阶段转变，入境游客的旅游活动也必然同旅游目的地的各项公共行业服务产生更多的交集，对旅游目的地公共行业服务的敏感度也将进一步上升。2014 年中国旅游研究院所做的入境游客满意度调查显示，入境游客对城市的发展情况、城市建设、城市管理、公共服务等总体环境的关注和评论趋多。包括机场、银行卡刷卡便利性、火车站、自驾车、城市公交、交通标识、长途客运、步行道和自行车道、出租车、互联网覆盖、手机信号覆盖等涉及公共行业服务的要素指标，都受到了入境游客的更多关注。其中，对于银行卡刷卡便利性，中国旅游研究院联合 VISA（中国）采自实体商户的数据显示：入境游客在我国百货公司、零售业、旅行社、旅游景点等项目的用卡消费呈现下降态势，反映出在此与入境旅游密切相关的 4 类场所刷卡便利性有待进一步完善。

（二）中国出境市场规模与消费能力扩大，有效提升中国旅游全球影响力

2014 年中国出境旅游市场首次过亿，达到 1.07 亿人次，与 2013 年相比，同比增长 19.49%。从总量上来看，已经连续 2 年成为世界排名第一的世界客源地。

中国出境市场与消费能力的增长推动了发展环境的优化，境外目的地日益重视保障中国游客的公正、公平待遇。截至 2015 年 1 月 20 日，共有 52 个国家和地区对持普通护照的中国公民个人因私前往，实施免签、落地签证政策，与“出境大国”相匹配的签证环境正在形成。继美国总统奥巴马宣布给予中国游客 10 年有效签证后，日本、韩国、加拿大、新加坡、英国、意大利等国家纷纷跟进，给予中国游客更多的签证便利化，包括但不限于放宽签证有效期、降低签证费用、增加签证官员数量、启用电子签证，还有落地签证和免签证入境等过去被认为天方夜谭的便利，中国护照的“含金量”不断增加。各国积极通过外交途径争取成为中国公民出境旅游目的地，截至 2014 年年底，已正式开展组团业务的中国出境旅游目的地国家有 117 个，占与我国建交的 172 个国家的 68%。出境旅游的发展对我国整体外交格局的构建产生了积极影响，“旅游外交”的作用正在彰显。

随着我国经济社会持续发展，我国出境旅游将持续保持快速发展，预计 2015 年出境旅游 1.33 亿人次，同比增长 11.5%。随着“一带一路”旅游合作的推进，以及中国—韩国旅游年、中国—印度旅游年以及中国—中东欧旅游年的举办，中国前往上述国家地区间的出境游客人数将会提升。完善消费品进出口以及自由贸易试验区等相关政策与措施会发挥协同效应，吸引出境旅游的购物消费回流。在公民文明旅游的相关工作推动下，特别是越来越容易、越来越频繁，同时也越来越平常的出境行程将有助于“大国公民”的养成。

三、我国旅游外交状况与政策建议

（一）旅游外交在大国新型关系塑造和周边外交中扮演关键角色

在市场加速扩展以及对目的地社会经济发展意义不断提升的背景下，双向旅游交流对大国外交的重要支撑表现得越发明显。2015 年 9 月习近平主席在西雅图出席第三届中美省州长论坛并发表重要讲话，宣布 2016 年将举办“中美旅游年”。在中—美新型大国关系塑造中，旅游的不可或缺性日益凸显。中俄互办旅游年两年来，约 600 项的活动、近 700 万的双向互访游客，表明中俄旅游合作正处在历史上最好的时期，并已经成为两国战略合作的新亮点。2015 年 5 月的日本 3000 人访华活动，更是旅游外交配合国家外交大局的又一次成功实践。

在周边外交中，旅游成为战略对话的重要议题和睦邻、亲邻的关键一环。围绕“一带一路”建设、东盟—湄公河流域开发合作、大湄公次区域经济合作、中亚区域经济合作、图们江地区开发合作以及孟中印缅经济走廊、中巴经济走廊等区域次区域合作机制框架下，我国与周边国家的旅游合作逐步得到加强，先后与朝鲜、俄罗斯、哈萨克斯坦等国家签署了旅游合作谅解备忘录，有力地推动了周边国家命运共同体建设。

对外旅游投资在大规模游客跨国流动刺激下方兴未艾。开元旅业集团斥资 1050 万欧元收购德国法兰克福市的金郁金香饭店，富华集团 1.3 亿澳元收购墨尔本柏悦酒店，港中旅 4 亿英镑收购英国 55 家酒店，香港激成投资 2.73 亿美元收购纽约索菲特酒店，安邦保险 19.5 亿美元收购华尔道夫酒店，万达集团开始并购海外旅游企业和景点。除了对外直接旅游投资，在现实客源的支撑下，相关国家和地区与旅游业配套机场、港口、高铁、车站、公路、服务区等基础设施的建设也有较高诉求，这也恰好是中国产能输出的优势领域。如海航计划以 175 亿元收购全球最大机场服务商 Swissport。不仅有助于在经济层面获取外交优势，借助其辐射力强的特性，还高效率地聚合了经济、文化、社会及生活等各方资源，实实在在地提升了我大国外交的硬实力。

2015 年 7 月，国家旅游局李金早局长作为习近平主席特使，前往汤加出席图普六世国王加冕典礼，并受邀参加了国王巡礼。在新中国历史上，这是国家旅游局局长首次以国家主席特使的身份出访，是一个极具标志性的事件：过去，旅游处于外交的边缘，如今，旅游已毫无疑义地进入外交的核心区。

（二）新时期国际合作形势对旅游外交提出了更高要求

当前，世界外交的主体正迅速从各国政府向民间发生位移，游客和企业与相关国家和地区的频密接触和旅游交往，不仅有利于更加直接、形象地传播中国政策、国情和民生，还赋予中外交往更加实质和丰富的内涵。旅游增进了民众间的相互了解和彼此信任，有利于结交国外好伙伴，发出中国好声音，树立中国好形象，进而构建外交新局面。

国际合作新形势对旅游外交提出了更高要求。第一，由于旅游的综合特性，合作范畴往往会突破旅游的界限，合作内容需要超越协议本身，通过区域、产业与人才等领域的具体合作方能落实，这正是当前所欠缺的。第二，国际交往中由于长远战略和应急预案缺位，并没有带来对等的权利提升。在需要旅游业宣示中国重要性的场合也往往难觅旅游代表的踪影，世界旅游及旅行理事会（WTTC）的21名常务执行理事中仅1名中国籍，在亚太旅游协会会员中的占比也仅为8.6%。我国在旅游外交中更多的是在接受和适应发达国家制定的游戏规则，在多双边关系中缺乏彰显国家意志的平台与工作抓手。第三，旅游外交被赋予的使命更加综合。既要注重用出境旅游市场的巨大能量影响世界，也希望通过有效的旅游外交手段，服务于入境旅游市场推广，在国家旅游线路推介、国家旅游形象塑造、旅游便利化方面走出新意；既要注重鼓励旅游企业追随中国游客的足迹走出去，直接介入主战场，在“一带一路”“孟中印缅经济走廊”“中巴经济走廊”和发挥亚投行作用等国家战略构想中切实发挥作用，解决“路通了，人没有来”或“人想来，路没有通”等方面的困扰，用市场和资本的力量倍增中国外交硬实力，又企盼通过旅游外交优化国家和企业形象，在官方媒体、孔子学院以外提供更丰富的工具，从而提高国家形象的客观与亲和程度，增强传播的渗透能力。在反恐形势日益严峻的今天，还需要更多地为中国游客提供安全保障；在TPP协议日渐成形的当下，还需要利用旅游外交应对其对中国的可能影响。

（三）促进中国旅游国际化发展的政策建议

1. 发挥旅游外交的统筹作用，将旅游外交作为大国外交的重点领域，将服务国民旅游权利与服务国家战略大局作为旅游外交的根本任务

习近平主席指出，"旅游是传播文明、交流文化、增进友谊的桥梁""旅游是增进人民亲近感的最好方式"。旅游的综合特性和亲善本质有利于弘扬中国文化，贡献中国智慧，推介中国经验，增添中国方案，提供公共产品，与我国的特色大国外交战略完全契合。将旅游作为大国外交的优先领域，推动其成为外交议题的必备和常用选项。充分发挥民众和企业的积极性，力图形成旅游外交的"PPP"模式（Public Private Partnership，公私合作模式）。充分认识为战略大局服务和为国民旅游权利服务同为旅游外交的根本任务。

2. 服务外交大局，构建国际外交新秩序

通过旅游外交，增强国际经贸规则的制定权和话语权，推动形成更为公平合理的全球经济治理体系，使旅游成为多边和双边主流合作平台议题的重要选项，并积极参与其中的话题制定。积极备战世界旅游大会，准备好论坛议题和宣言内容。将游客满意议题纳入与各 ADS 协议国家和地区的旅游磋商和各种形式的旅游合作当中，欢迎和支持与目的地国家和地区的相关机构开展联合调研。稳步在 UNWTO、WTTC 和 PATA 等世界主要旅游平台中发挥主导作用。推动建立双边、区域政府间旅游经济联委会、混委会等平台。重点推进与东盟、欧洲、非洲、拉美和阿拉伯国家的旅游合作，争取建立中俄旅游论坛等常设合作平台，细化落实中非论坛后续委等对应平台工作。力争将旅游参与作为必要内容固化在重要国际合作的对外磋商、政策审议、要情通报和咨询义务履行中。优化我国中央与地方政府与相关国家或地区政府、旅游业界领袖间常态化的对话机制，加强双边或多边地方政府在人员互访、重大信息通报、安全预警、突发事件处置、服务和标准对接等方面的沟通与交流。

3. 为游客服务，帮助中国企业走出去，在民间交流与企业合作中进一步凸显旅游的牵动者角色

落实以人为本，外交为民。要督促目的地再简化签证手续、缩短签证时间、减少签证费用，进一步提高中国护照的“含金量”。在语言和消费习惯等方面更加充分地为游客着想，打造好海外民生工程。在监管工作机制、投诉处理机制、旅游标准、从业资格互认、游客宣传引导机制、安全预警机制和突发事件处置等方面与我方建立起更加紧密的常态化合作机制。积极应对反恐局势，参与到“全球呼叫中国系统”的创建中，做到中国公民走到哪里，我们的服务和保护就能跟随到哪里。外交官的观念也要转变，从以前接待领导人，转变成为包括游客在内的老百姓服务。

为企业“走出去”提供更多的便利。在对外援助、经济合作中重视旅游的先导作用和放大效应。促进相关国家或地区道路、口岸等基础设施的互联互通，以及酒店、餐饮、厕所、交通工具等基础设施建设。将我国的旅游服务贸易进口与宣传、金融、运输、保险等其他服务贸易出口等议题相结合，争取目的地进一步放开对中国电视频道落地、人民币支付等方面的限制。将出境旅游及相关投资与“一带一路”、丝路基金、亚洲基础设施投资银行等议题相结合，争取目的地在基础设施建设、产业合作等项目上的投融资支持，推动其进一步加强与丝路基金和亚洲基础设施投资银行等中国主导金融机构的合作，同时降低中国资本进入与自然人流动的门槛。

4. 服从和服务于“两个一百年”的中国梦，塑造中国新形象

创新旅游外交在构建中美、中俄等新型大国关系的作用，筹谋包括“旅游年”“省州会议”等在内的升级版。在周边外交关系中充分对接“一带一路”“孟中印缅经济走廊”“中巴经济走廊”等国家战略，争取“早期收获”。致力于推进周边互联互通，通过旅游交流扎扎实实地推进与周边地区的互利合作。大力推动丝绸之路经济带、21世纪海上丝绸之路建设，加快推进双多边自贸区战略和周边互联互通项目建设。

以旅游外交为载体，推动相关国家或地区的民间交流。利用权威媒体、新兴媒介以及教育文化交流等渠道，启动互为对象的专项宣传，增进中外人民彼此之间的认知。充分利用“旅游年”，扩大面向民众的宣传，拉近老百姓的心理距离。消解国际社会对中国“战略扩张”“霸权主义”“新殖民主义”和“资源掠夺”的疑虑，以互利共赢的姿态，获取相关国际组织、政府和民众的更多认同和支持。

第七章

全国游客满意度调查分析

2015年，“515”战略对旅游市场治理的成效显著，全国游客满意度持续上升。与此同时，旅游企业员工服务、旅游安全、居民友好程度及旅游产品性价比等因素仍然制约着游客满意度向更高水平提升。建议旅游行政主管部门继续强化旅游市场治理，充分发挥市场秩序综合水平指数（TOI）的风向标作用，促使各地积极主动提升市场综合环境和服务质量。

一、全国游客满意度的总体情况

2015年第一至第三季度，全国游客满意度指数分别为75.02、75.45、76.23（见图7-1）。从历史比较来看，2015年游客满意度最大的特点是，凡是旅游行政主管部门重点关注、强化监管、查处整治的领域；凡是目的地党委和政府切实重视和管理水平较高的地区，游客满意度水平都普遍较高，并呈现进一步上升的趋势。无论是团队旅游服务、旅游投诉处理、传统的“旅游六要素”涉及的行业，还是排名靠前的境内城市和境外目的地，均是如此。调查还显示，旅游主管部门只要敢于为游客发声，工作“蛮拼的”，市场就会有信心，游客就会及时给予“点赞”。

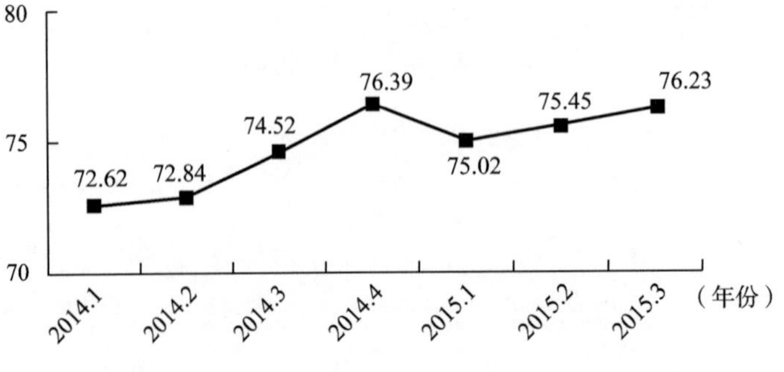

图7-1　2014~2015年游客满意度指数变动趋势

（一）旅游市场秩序整治行动得到游客积极评价

2015 年以来，国家旅游行政主管部门和相关部门加强旅游监管，出台系列措施整治旅游市场秩序。这些措施包括出台整治欺客宰客“三年行动”计划，落实不文明游客“黑名单”制度，发布文明旅游提示、价格信得过景区名单、景区流量管理法规，对一批 A 级景区、旅行社、星级饭店提出警告，等等。调查显示，国家旅游行政主管部门不断加强旅游市场秩序监管力度的效果逐步凸显，已成为当前旅游市场竞争环境不断规范的核心驱动力。各行业主体、地方政府也在持续推动着游客满意度的提升，例如，中国旅游景区协会发出不涨价的倡议，获得绝大多数景区的相应承诺；京津冀等地区联合推出“旅游路书”、城市周边打造旅游公园环线、公交部门提供线路、铁路部门提供自驾车专列等。随着旅游行政主管部门监管和整治力度的加强，入境、团队等游客满意度上升明显，保持了“依法治旅”以来稳中有升的态势，我国旅游市场秩序整顿和行动得到游客积极评价。2015 年第一至第三季度，“食住行游购娱”等旅游行业满意度为 75.27，高于 2014 年同期的 73.44，达到“基本满意”水平，满足《国家质量发展纲要（2011 ~ 2020 年）》要求旅游业 2015 年达到 75 以上的要求。

（二）旅游环境优化对游客满意度的影响更加显著

2015 年，样本城市的游客满意度总体保持“东中西部”“一二三线”城市梯度递减的基本特点，受经济结构调整、城市转型、旅游市场治理等因素影响更加明显。例如，京津冀晋等地区在产业结构调整过程中更加重视旅游业的作用和重点景区的市场秩序治理，石家庄、太原、大同等样本城市的游客满意度持续大幅提升，由原来的落后状态进入中上游。全国范围内各城市积极落实国家旅游主管部门关于旅游服务质量社会监督员、不文明行为曝光等市场秩序综合整治措施，地方政府高度重视，浙江、山东、四川、山西、浙江、江西等省直接将游客满意度测评作为常态化的工作抓手，北京、成都、黄山、苏州、南京等城市通过“城市旅游满意度提升工作组”“专题调度会”等工作方式，稳步处于全国游客满意度的前列水平，郑州、延安、广安等城市通过“城市形象提升办公室”“旅游环境质量大整治”等工作方式，有效地扭转游客满意度排名靠后的地位，稳步处于中上水平，昆明、三亚、兰州、南京、黄山、赣州、温州、烟台、北京等地广泛开展的整治旅游市场乱象，当地的游客满意度显著回升或提升。

（三）旅游投诉与质监的满意度显著提升

2015年第一至第三季度，全国旅游投诉与质监满意度指数为70.79、72.63、69.97，同比都有所上升。截至第三季度，国内团队游客、国内散客、入境游客的投诉比例分别为3.4%、2.3%、2.8%，以往年同期都有较大幅度下降，人民网投诉平台、新浪微博等渠道的非官方投诉数量同比也都有所减少。在投诉服务中，以旅游政务网、旅游投诉电话为代表性指标的旅游投诉便捷程度已经有了大幅提升，目前已有60%左右的样本城市专门设立了质监所网站，包括上海、重庆、苏州、南京、成都、杭州等34个城市。旅游投诉电话的实际体验效果也有显著提升，80%左右的样本城市设立了旅游投诉专线电话，安排专人负责和24小时接听，并能及时、专业、友好地回应投诉受理范围、办理程序等事宜，表明目前重要旅游城市旅游系统内部的投诉系统平台建设和专业人员配备等方面已基本完善。

（四）入境游客满意度达到“满意”水平

2015年前三季度入境游客满意度分别为79.00、81.44、80.91，平均达到80的满意水平，比国内游客满意度高8分左右。重庆、杭州、广州、大连、上海等入境目的地城市的总体满意度相对较高。入境游客对国内样本城市的城市建设、城市管理、公共服务、行业服务等单项指标的评价同比都有所提升，基本达到80分以上。其中，大多数境外游客对我国现代化程度、知名度、民俗特色、美丽程度、文化氛围等方面的体验和评价颇高。2014年第一季度以来，入境游客满意度的稳步提升与国家大力推进旅游外交、优化入境旅游政策措施、举办“丝绸之路旅游年”等一系列境外旅游宣传推广活动密不可分。2015年5月世界经济论坛发布的国际旅游竞争力报告也显示，我国旅游竞争力跃升到全球第17位。此外，离境购物退税、边检站便利等服务品牌活动等政策贯彻实施和市场秩序好转，也推动着入境游客保持较高的满意水平。

二、全国游客满意度存在的主要问题

（一）旅游公共服务满意度的地区非均衡现象比较明显

2015 年，旅游公共服务在中西部地区、旅游城市之间、团队散客之间以及旅游厕所等主要领域仍均存在明显的地区非均衡现象。截至 2015 年第三季度，旅游公共服务满意度较高的是北京 85.72、杭州 84.76、广安 84.07、重庆 83.15、上海 82.90、厦门 81.59、青岛 81.26，较低的是延安 70.76、哈尔滨 70.01、张家界 66.22、北海 61.01，不及格的是南宁 56.75、汕头 53.42、秦皇岛 53.34。旅游投诉服务的满意度较高的是重庆、烟台、天津、青岛等地，而大连、丽江等旅游城市的投诉服务均不及格。总体来看，地方政府特别是样本城市党委和政府的主体责任还没有得到有效落实。再以旅行社为例，截至 2015 年第三季度境内游客对旅行社的满意度为 76.2 分，处于“基本满意”水平，较第二季度和 2014 年同期有所提升。国内样本城市中，旅行社满意度排名靠前的主要是丽江、桂林、重庆、杭州、南京，排名靠后的基本为南宁、北海、张家界、秦皇岛、汕头。

（二）产品价格和配套服务等需要政府综合协调的领域满意度有待提高

2015 年以来，游客反映旅游价格上涨、配套服务不足的问题较多。当前，旅行社、星级饭店、A 级景区等的服务有所改善，但大众市场的产品满意度仍然相对较低，相关部门尚未加入联合监管行动中。有的游客在评论中提道：“国内（景区）挺乱的，还是出国省心！”“期待我们的地方也开展（旅游市场秩序）整顿”等。游客，特别是散客对农业旅游和工业旅游的满意度还比较低。配套服务方面，供给和水质、无障碍设施、移动互联网、签证便利化等满意度也较低。城市管理方面，城市施工管理、市民友好程度和面向游客的自行车道和步行道的满意度较低。空气质量问题和出境旅游的旅游安全事件频发问题，也是制约全年出入境游客满意度提升的主要因素。从核心旅游行业的游客满意度来看，“吃住行游购娱”等行业的分项满意度从低到高依次是性价比、服务、质量、特色，其中又以旅游景区票价高、秩序乱和购物质价不符、性价比低的问题最为突出。第二季度恰逢清明、五一、端午等小长假，景区涨价、旅行社不合理低价、交通拥堵等现象也都成了社会和舆论关注的焦点，有游客评论“秀美河山成了看不起的风景”。

（三）部分地区旅游服务质量提升措施的综合性考虑不足

2015年以来，我国全面强化旅游行业治理，持续出台了一系列具体的措施，取得了明显成效，但一些措施由于缺乏系统考虑，也产生了不利影响。例如景区限流措施，在短期的“堵”与长期的“疏”相结合应对客流增加的考虑不足。厦门鼓浪屿等地实施该措施之后，游客满意度有所上升，但对当地住宿等行业的经营效益产生负面影响，经营者的积极性大受影响，导致中秋国庆期间该地区的旅游服务质量大幅下滑，负面影响极大。一些社区型旅游目的地，随着目的地旅游开发力度的加大和游客规模的增长，当地居民与商业主体间的利益冲突加剧。从凤凰古城“一票制”闹停业风波事件来看，居民和商家的利益诉求是必须同时考虑的。此外，一些城市由于缺乏对旅游质监工作的长效机制，投诉服务满意度提升止步不前的状况较为普遍。

三、游客对旅游服务的主要诉求

（一）游客对城市总体环境和区域旅游形象的提升有较高期待

旅游作为游客异地化的生活方式，城市整体形象、建设管理和商业体系等生活环境都直接影响着游客的实地体验。2015年以来，面向入境游客的城市形象评价比较高，“美丽中国”的国际旅游形象总体较为鲜明，但国内游客对区域和地方旅游形象特色雷同、游客体验不佳的评价较为突出。调查还显示，游客满意度提升的根本在于经济社会发展和政府行政管理整体转型，国内游客和入境游客对城市总体环境和区域旅游形象的问题反映比较突出，主要体现在卫生设施、空气质量、自然生态、市民行为等指标的评价结果较低。此外，中东呼吸综合征（MERS）疑似病例、长江沉船事件等重大旅游安全和社会突发事件在游客对相关目的地城市的旅游评价结果中也都有所体现。

（二）旅游旺季、热点城市的旅游服务质量稳定性有待提高

进入夏季后，避暑城市成为旅游热点，秦皇岛（北戴河）、承德、张家界、哈尔滨、拉萨、北海等热点旅游城市的游客满意度有所下降，价格是主要的影响因素。调查结果显示，2015 年第三季度价格满意度特别是散客对价格的满意度问题比较突出，也是社会关注焦点，例如黄山万元天价房、长白山万元租车等事件。九寨沟、秦皇岛、庐山、承德等传统的避暑胜地价格上涨幅度均达到三成左右，各大滨海城市如青岛、珠海、大连等地的酒店价格都有 20% 左右的上涨幅度。2015 年我国举行纪念中国人民抗日战争暨世界反法西斯战争胜利 70 周年活动，红色旅游成为市场热点，短期内旅游市场的快速增长与旅游供给结构性短期的矛盾导致部分红色旅游城市如遵义、湘潭、广安、延安等的游客满意度有所下降。从境外旅游目的地来看，2015 年第三季度旅游旺季期间，我国出境游客满意度也有所下降，为 76.75，处于近年来的较低水平。

（三）畅通旅游投诉渠道和优化旅游投诉服务的呼声较高

2015 年以来，旅游投诉与质监满意度的区域不均衡和行业不均衡问题仍较为明显。目前旅游投诉的行业分布主要集中在旅行服务运营商，导游未尽职责、强迫或变相强迫购物、降低服务标准、收费不合理等具体问题的反映比较突出，北京、上海和重庆等热点旅游城市的投诉数量相对较多。截至 2015 第三季度，仅有半数左右的样本城市开通了“12301”作为统一的旅游投诉平台，部门城市的旅游质监工作人员在回答受理程序等方面的专业知识明显不足。调查还反映，依托中国旅游诚信

网的全国旅游投诉统一官方网络平台的公众认知度还不高，旅游市场秩序的部门联动和综合执法机制尚不健全，大量游客利益被损害的案例被认定为“无效投诉”，投诉无门的现象还广泛存在。

（四）特定客源群体的微观诉求需要得到进一步关注

在旅游消费环境不断优化的过程中，当前有待提升的因素也越来越集中在一些具体的方面，尤其是体现弱者的需要、体贴的服务方面，例如，卫生设施厕所、无障碍设施等的满意度相对较低，青少年、老年人、盲人残疾人等特殊人群的福利旅游、社会旅游等穷游需求尚未得到有效关注。从具体影响因素来看，游客对城市应急管理、空气质量、居民素质等方面的关注度较高，例如，郑州、长春、南宁等样本城市备受空气质量不佳、城市交通道路建设的影响，丽江、三亚等城市出租车问题始终没有得到解决；第三季度的台风气候则冲击海口、福州等地的游客体验，而情侣故宫刻字、泰国机场闹事、美国海关遣返游客等文明旅游问题也受到游客评论、吐槽和媒体报道的极大关注。

四、国内60个目的地城市的游客满意度情况

截至2015年第三季度，全国60个样本城市游客满意度的分布较为均衡，80分以上和70分以下的城市分别仅为8%、12%，80%的城市分布在70～80分的水平。各城市游客满意度指数从高到低依次为：重庆83.27、大同82.36、杭州80.90、青岛80.52、黄山80.27、丽江79.67、北京79.47、赣州79.36、上海79.00、厦门78.94、桂林78.79、沈阳78.49、成都78.25、苏州78.07、南京78.06、太原77.99、宁波77.84、烟台77.80、广州77.68、武汉77.42、三亚76.92、九江76.88、温州76.76、长沙76.71、西安76.63、天津76.56、无锡76.53、大连76.50、吉林75.93、广安75.80、昆明75.62、济南75.62、洛阳75.40、石家庄75.40、珠海75.34、呼和浩特74.90、延安74.71、郑州74.57、福州74.20、贵阳73.96、合肥73.90、长春73.86、哈尔滨73.76、延边73.35、南昌73.32、张家界

72. 88、海口72. 82、湘潭72. 81、承德72. 75、深圳72. 67、乌鲁木齐71. 69、遵义71. 24、拉萨70. 01、西宁69. 83、北海69. 71、银川69. 35、南宁69. 31、兰州69. 05、秦皇岛65. 87、汕头64. 77。

五、境外24个目的地国家的游客满意度情况

截至2015年第三季度，中国公民出国旅游满意度指数处于76. 76的“基本满意”水平，同比和环比都有所下降。2015年以来，中国游客对国外目的地国家的形象、城市建设、城市管理、公共服务、行业服务等方面的总体旅游服务质量和满意程度都有较大幅度下降，但游客对境外国家美丽程度、知名度、信息化程度、现代化程度、自然生态、空气质量、园林绿化、民俗特色、卫生设施等方面的评价仍持续较高。对国外旅游公共服务和行业服务的满意度明显低于目的地整体环境和城市建设，仅对使领馆签证服务、机场、银行刷卡便利性等服务的评价较高。

截至2015年第三季度，24个样本国家有16个达到75分以上的“基本满意”水平，游客满意度指数从高到低依次是：新加坡80. 02、澳大利亚79. 03、新西兰78. 70、法国78. 65、德国78. 43、美国78. 08、泰国78. 04、意大利77. 89、英国77. 49、日本77. 46、俄罗斯77. 45、韩国76. 90、阿根廷76. 84、马来西亚76. 77、加拿大76. 72、西班牙76. 28、南非74. 99、越南74. 39、菲律宾74. 15、柬埔寨74. 06、印度尼西亚73. 49、巴西73. 34、蒙古72. 08、印度70. 90。新加坡在市容市貌、卫生设施、施工管理、城市公交、出租车、长途客运、交通标识、景区景点、收据合理性、旅游公共服务、中文标识、签证和海关边检服务、工业旅游等方面的评价都位居所有样本国家的第一位。从近程线路看，日韩、新马泰的游客满意度较高，新加坡是亚洲地区中国游客评价最高的目的地国家；从远程线路看，美加、澳新、西欧等国家的游客满意度高于南美洲的巴西、阿根廷和非洲的南非等国家。

六、基于游客满意度调查的政策建议

（一）把有利的发展环境及时转化为旅游服务质量提升的积极因素

在当前各级政府重视发展旅游业的有利形势下，更加强调城市和地区旅游发展质量和服务质量方面指标的提升。充分发挥“一带一路”、京津冀一体化、长江经济带等国家层面的战略规划和铁路投资向中西部地区倾斜等为旅游业带来的政策利好，积极研究国家重要战略布局中旅游产业的发展规划。专项研究免税政策对旅游产业的影响，用好用足免税政策，在重点边境地区口岸城市和内陆重点入境旅游口岸，探索建立旅游自贸区。落实旅游与金融、外交、公安等部门的合作机制，推出政策落实、惠民便民的典型案例。积极引导互联网企业的房屋短租、非标准住宿、专车租赁、“本地人”服务等旅游新业态的健康发展，更好地满足不同游客的需求。加强高铁沿线旅游城市的合作，打造中西部高铁沿线的高品质旅游团，吸引东部沿海地区的广大客源市场，以优质的旅游产品和服务提升游客满意度。

（二）以满足大众旅游需求为基本方向，兼顾解决特定客群的微观诉求

针对当前社会高度关注的天价房价、天价旅游租车服务、高端人群专项服务等现象，应引导行业主体特别是城市政府将满足普通大众例如散客人群的旅游诉求放在首位。要着眼于游客在便利设施、卫生设施、农业旅游等方面的突出诉求，具体开展“旅游厕所”、残障人和老年人旅游设施、农家乐旅游标准等行动，例如在残障人旅游设施方面完善景区盲道、酒店盲文，加强无障碍旅游方面的国际交流等。针对广大游客反映的旅游旺季热点城市、尤其是热门旅游景点因游客量激增导致的旅游服务质量下降等问题，建议目的地在根据承载量测量开展景区和旅游区限流措施的同时，采取更多的便利措施，调动当地接待单位进行合理的引导、疏导，满足广大游客的旅游需求。切忌突然限流、单方限流，切忌让游客乘兴而去扫兴而归。

（三）抓住市场秩序治理牛鼻子不放松，不断强化政府监管和社会监督

要围绕“515”旅游发展战略的核心工作，继续保持旅游市场秩序政府监管和社会监督不断强化的态势，发挥旅游市场秩序综合水平指数（TOI）的风向标作用，促使各省、市积极主动、创新举措提升新时期旅游市场的综合环境和服务质量。向各级政府和旅游主管部门讲清楚，推动目的地管理、加强行业监督力度的工作方法对提高游客满意度，提升旅游市场秩序，进而对提高地方旅游产业总体竞争力具有显著效果。主动担当，积极作为是有效提升行业形象，特别是落实中央对我们回应游客诉求的系列指示的必然要求。在继续强化旅游行业自身监管力度的基础上，引导地方党委和政府落实主体责任，推动相关部门综合执法、协管共治，将市场秩序整治、旅游环境优化工作引向更加广泛的范围。进一步联动做好旅游价格、在线旅游服务、旅游安全和应急救援等方面的监管和促进，充分发挥游客评价对旅游产业的促进和对外合作交流的积极作用。

（四）重点完善对旅游产品、网络运营和目的地管理的监管手段

坚持游客评价的平民视角，加强旅游部门对行业发展质量的话语权、主动权，营造更加有利于产业促进的外部环境，更加重视当地居民承受的客流拥堵压力，商业主体间的利益冲突等问题。加强农业旅游产品、工业旅游产品的品质提升，引导文化、生态和社会领域的旅游发展。针对淘宝、百度团购、京东等电子商务平台陆续推出“出游季”旅游促销，依法治理在线旅游企业和传统旅行社等低价竞争可能影响游客权益的问题。鼓励涉旅企业公开产品和服务的成本构成，诚信经营，培育企业品牌。引导旅游企业加强与境外目的地、境外旅游企业的合作，倒逼境内旅游服务提升工作。

（五）重视对游客开展“口碑营销”，深入推广国家旅游形象

将我国入境游客满意度、国际旅游竞争力大幅提升的成绩切实转化为入境旅游

的优势和入境市场持续健康增长的动力，把入境游客的口碑和忠诚度等满意度指标纳入对外宣传促销的新手段。系统梳理和推广我国入境免签国家和地区范围扩大、过境政策进一步放宽、对台免签新措施、京沪两地启动境外旅客离境退税等综合性政策措施。邀请国外旅游业界代表和国内留学生担任“旅游体验师”，根据体验效果进一步完善和提升入境游客的实地体验。建立依托入境游客的国际旅游形象“口碑营销”计划，在国际媒体广泛宣传入境游客的积极评价等正能量，积极回应国际舆论和媒体对中国旅游市场秩序的不实报道，对入境游客的境外推广和宣传设置针对性的奖励计划。

第八章

旅游管理体制改革和公共服务体系建设

2015年，在“515战略”的推动下，我国旅游体制机制改革全面推进，旅游行政服务能力持续提升，以大数据、便民惠民、安全保障等为重点的旅游公共服务体系进一步完善。2016年要在十八届五中全会精神的指引下，加快推进旅游业改革创新，促进旅游管理体制改革和公共服务体系建设上新的台阶。

一、2015年我国旅游管理体制改革和公共服务体系建设进展

（一）全面推进旅游体制机制改革

1. 以“515战略”引领旅游管理体制改革

2015年以来，国家旅游局以“515战略”为统领，提出“全域旅游”“旅游+”等新理念，以改革促创新，以改革谋发展，取得了很好的成效。在旅游行政管理方面，进一步简政放权，在2014年8月公布的国家旅游局行政审批事项公开目录基础上，增加了需要公布改革和规范的其他权力事项目录一项，同时积极推动行政收费减免，加快旅行社管理、旅游行业协会脱钩等方面的改革。2015年9月，国家旅游局下发《关于放宽旅行社设立服务网点政策有关事项的通知》，对旅行社设立服务网点区域范围放宽了限制，允许设立社在所在地的省（市、区）行政区划内及其分社所在地的设区的市的行政区划内设立服务网点，并不受数量限制。国家旅游局还放开赴台旅行社经营资质，3家台资合资旅行社获准试点经营福建居民赴台团队游。北京试点外资旅行社经营出境游业务。2015年10月，国家旅游局落实《关于取消和暂停征收一批行政事业性收费有关问题的通知》，取消了入境签证费、工农业旅游示范点标牌（含证书）费、星级标牌（含证书）工本费、A级旅游景区标牌（含

证书）工本费等行政事业性收费。各地也加快推进旅游行政管理体制改革，浙江省丽水市完成了市、县两级旅游局升格为旅游委员会，广西桂林、江苏镇江、陕西韩城等地市旅游局也升格为旅游发展委员会。

2. 创新旅游宏观调控机制

为加强国家旅游智库建设，国家旅游局先后成立了中国旅游智库和中国旅游改革发展咨询委员会，为中国旅游业发展中的重大问题、重大决策、重大举措提供智力支持。2015 年 7 月，国家统计局发布《国家旅游及相关产业统计分类（2015）》，将旅游产业纳入国家专项统计中，为更准确地测算旅游产业发展提供了统一的核算体系；2015 年 11 月，国家旅游局数据中心揭牌。全国旅游优选项目遴选继续开展，国家旅游局与国家开发银行等 9 家银行共同组织专家遴选了 500 个旅游项目，确定为《2015 全国优选旅游项目名录》。在标准化建设方面，国家旅游局颁布了《旅游发展规划实施评估导则》《国家温泉旅游名镇》《高尔夫管理服务规范》《自驾游管理服务规范》《旅游演艺服务与管理规范》《温泉旅游服务质量规范》《旅游休闲示范城市》等 7 项行业标准。2015 年 8 月，国家旅游局正式启动“国家全域旅游示范区”建设。在规划编制方面，中国旅游业“十三五”规划发展纲要、全国红色旅游第二期规划等正在推进。

3. 完善与部门、地方政府、金融机构的合作机制

国家旅游局加强了与国家中医药管理局、教育部、公安部、工商总局、民航局、农业部等部门的合作，在市场秩序规范、新业态培育、乡村旅游发展、旅游人才培养等方面开展深入合作。如国家旅游局与国家中医药管理局联合出台《关于促进中医药健康旅游发展的指导意见》，促进中医药健康旅游的发展。国家旅游局还积极加强与地方的合作交流，健全与省级政府的合作机制。2015 年 11 月，国家旅游局和农业部共同评选出 68 个全国休闲农业与乡村旅游示范县，153 个全国休闲农业与乡村旅游示范点。与省级政府合作方面，2015 年 9 月 22 日，国家旅游局与江苏省人民政府在南京签署《关于支持打造“畅游江苏”品牌加快建设旅游强省的战略合作协议》，积极支持江苏深化旅游业改革创新发展。2015 年 10 月 24 日，国家旅游局与云南省就云南旅游产业发展举行了工作磋商，双方还就进一步治理云南不合理低价游等问题进行了会商。国家旅游局还与贵州省、中国联通公司共同签署《旅游基础数据库灾备中心和大数据应用战略合作协议》，推动大数据建设。此外，国家旅游局还积极加强与银行的合作，与国家开发银行、中国工商银行等 6 家金融机构共同签署促进旅游产业发展的战略合作协议，促进旅游投资与消费。

4. 地方积极进行旅游改革创新

福建省政府出台《关于进一步深化旅游业改革发展的实施意见》，河南省提出构建常态化旅游市场监管体系、多元化产业促进体系、全方位旅游市场促销体系、一体化区域旅游合作体系、高水平旅游公共服务体系、现代化智慧旅游体系、复合型旅游人才体系、多层次改革创新体系、长效化作风建设体系等“九大体系”，浙江省启动旅游统计改革试点工作。一些地方为了更好地加强行业管理，还探索成立了旅游警察队伍。

（二）积极提升旅游行政服务能力

1. 加强旅游市场秩序整治

2015 年春节期间，国家旅游局与公安、工商、物价、交通等相关部门联合开展旅游市场专项整治行动，加大旅游市场秩序整治力度。2015 年 2 月 17 日，国家旅游局在全行业建立旅游服务质量“万名社会监督员”制度，出台《旅游服务质量“万名社会监督员”工作方案》《旅游服务质量社会监督员职责和工作办法（试行）》以及《依法治理旅游市场秩序三年行动方案（2015 年）》，通过政府力量和社会力量共同维护旅游市场秩序。2015 年 2 月 25 日，国家旅游局出台《全国旅游市场秩序综合水平指数工作方案》并于第一季度正式开展测评工作，这是首次对我国省级旅游市场秩序实行分等定级。2015 年 6 月 25 日，中国旅游协会、中国旅行社协会共同建设“全国重点城市热点旅游线路参考价格平台”正式上线，并向社会公布了北京、上海、广州、沈阳、青岛、成都、昆明、南京、厦门、西安等首批全国 10 个热点城市共计 67 条国内热点线路的参考价格，这是首个全国性的旅游线路参考价格发布体系。国家旅游局还先后出台《2015 年旅游质监执法异地交叉检查工作方案》《旅游经营服务不良信息管理办法（试行）》《关于打击组织“不合理低价游”的意见》等规范性文件，加强维护旅游者和旅游经营者的合法权益。2015 年 10 月，国家旅游局公布一批全国旅游经营服务不良信息名单，共有 17 家企业和个人“榜上有名”。国家旅游局还先后督办迪庆、丽江、张家界等多起扰乱市场秩序的典型案例。各地也积极开展旅游市场秩序专项整治行动，如西安市印发《“一日游”专项整治工作方案》，并开展为期 1 个月联合执法专项整治工作；杭州制定“一日游”指导价等。

2. 加强景区门票价格和发展质量管理

2015 年 3 月，国家旅游局在全国景区行业启动为期三年的创建“全国承诺旅游价格信得过景区”活动，首批有超过 1/3 的 4A 级以上景区加入了活动行列，截至 11 月末，全国共有 1801 家旅游景区成为首批承诺信得过景区。2015 年 8 月 28 日，中国旅游景区协会倡议全国各类旅游景区要共同抑制景区门票过高过快上涨，5A 级、4A 级景区要带头不上涨门票价格。2015 年 9 月 6 日，国家发展改革委、国家旅游局共同下发《关于开展景区门票价格专项整治工作的通知》，提出自 2015 年 9 月至 2016 年 8 月，在全国范围内开展为期一年的景区门票价格专项整治工作。2015 年 10 月 9 日，全国旅游资源规划开发质量评定委员会发布公告，取消了河北省秦皇岛市山海关景区 5A 级旅游景区资质；给予了北京市明十三陵景区、上海市东方明珠广播电视塔、江苏省南通市濠河景区、浙江省杭州市西溪湿地旅游区、广东省佛山市西樵山景区和云南省丽江市丽江古城景区等 6 家 5A 级景区严重警告，并限期 6 个月整改。这是国家旅游局首次取消 5A 级景区资质。2015 年，国家旅游局启动国家级旅游度假区评选工作，吉林长白山等 17 家度假区成为首批国家级旅游度假区。同时，持续开展 5A 级景区创建工作，年内新增加了 29 家 5A 级景区。

3. 倡导文明旅游

2015 年 4 月，国家旅游局出台《游客不文明行为记录管理暂行办法》，明确提出 6 类不文明行为将被“记录在案”。国家旅游局还与国家民航局加强合作，双方在倡导旅客文明出行方面，探索“黑名单”制度对接。2015 年 9 月 7 日，国家旅游局启动“文明旅游看中国”公益微电影原创作品征集活动，进一步加大文明旅游宣传力度。

4. 大力推进旅游厕所革命

在 2015 全国旅游工作会议上，国家旅游局明确提出要积极推进“厕所革命”。2015 年 2 月，国家旅游局在桂林召开旅游厕所工作现场会，会议提出从 2015 年开始的三年，全国共新建旅游厕所 3.35 万座，改扩建旅游厕所 2.5 万座。2015 年 3 月，国家旅游局组织开展“第一届全国旅游厕所设计大赛”，共有 20 个作品获得第一届全国旅游厕所设计大赛奖项。2015 年 4 月初，为全面落实国家旅游局“厕所革命”的工作部署，中国旅游协会和中国旅游景区协会向全行业发出了《突破传统观念，推进厕所革命》的倡议书，并与奇虎 360 网开展合作，联合推出旅游景区厕所信息平台。2015 年 7 月 17 日，国家旅游局召开大型企业投身厕所革命表彰会，表彰了一批厕所革命突出贡献的商会和企业。2015 年 11 月 19 日，世界厕所日暨中国厕所革命动员日活动在北京举行。截至 11 月底，全国已开工建设的旅游厕所共 2.1 万座左右，占全年计划的 102%，全国所有省份以及新疆建设兵团均制订了厕所建设三年行动计划；共有 26 个省以及新疆建设兵团的党委、主要领导就“厕所革命”作出了明确批示，各级政府采取有力措施，积极推进。

5. 大力推进旅游扶贫

2015 年 5 月 21 日，国务院扶贫办和国家旅游局启动 2015 年贫困村旅游扶贫试点工作，在全国共选取 560 个建档立卡贫困村开展试点工作。2015 年 8 月，国家旅游局在安徽省黄山市召开全国乡村旅游推介大会，推出中国乡村旅游“千千万万”品牌推介活动，评选首批中国乡村旅游创客示范基地，表彰“1000 个中国乡村旅游模范村”和“1000 家中国乡村旅游模范户”“10000 家金牌农家乐”和“10000 名乡村旅游致富带头人”。同时，国家旅游局还举办 2015 年乡村旅游扶贫重点村村官培训班，启动旅游规划扶贫公益行动，建设“旅游规划扶贫公益行动网”。各地积极响应，共同推进旅游扶贫工作。甘肃省紧盯旅游精准扶贫精准脱贫工作目标，细化年度工作任务。陕西省制定扶持对象精准、项目精准、资金使用精准、措施到户精准和因村派人精准五个精准措施。江西赣州市依托国家旅游扶贫实验区建设，稳步推进乡村旅游富民工程，重点打造富有地方特色的橙乡百里乡村游、红色摇篮乡村游、客家摇篮乡村游、生态赣州乡村游等精品路线，走出了一条有自身特色的乡村旅游扶贫路子。

6. 加强旅游人才培养

国家旅游局继续实施“名导进课堂”工程、中高级导游“云课堂”研修项目，开展第四批“名导进课堂”师资选拔工作、导游领队文明旅游师资培训等工作，加强对一线从业人员、管理人才的培养和扶持。2015 年 7 月 29 日，2015 年版《中华人民共和国职业分类大典》正式颁布，旅游团队领队、旅行社计调、旅游咨询员、休闲农业服务员等 4 个职业作为新职业纳入该大典，标志着上述职业身份在国家职业体系中首次得以确立。针对旅游职业教育发展，2015 年 10 月 26 日，国家旅游局和教育部联合制定了《加快发展现代旅游职业教育的指导意见》，积极促进旅游职业教育的转型升级。国家旅游局在继续进行立项评奖和实施青年专家培养计划基础上，于 2015 年 6 月推出“万名旅游英才计划”，从 2015 年起利用 3 年时间，分批遴选、资助 10000 余名旅游相关专业的教师、学生以及旅游企业拔尖骨干管理人才和高级技术技能人才，开展相关人才项目。为了解决旅游人力资源问题，国家旅游局还在全国范围内开展为期三年的中国旅游义工服务行动，加快将旅游义工群体培育成为我国公益事业的新兴重要力量。2015 年 7 月 18 日，国家旅游局授予深圳市“全国文明旅游志愿服务示范市”，这标志着“旅游义工”工作在深圳正式开展先行先试。

（三）加强旅游大数据与信息化建设

1. 加强旅游大数据的研发和应用

为推动旅游大数据发展应用，国家旅游局先后出台《全国旅游信息化工作机构队伍和投入情况调查报告》《关于推进旅游业与信息化融合发展的若干意见（征求意见稿）》，积极推动国家旅游局数据中心的建设，加大对旅游大数据研究工作的支持。2015 年 7 月 9 日，国家旅游局“旅游大数据库灾备中心”在贵州正式揭牌。国家旅游局还与贵州省、中国联通公司共同签署《旅游基础数据库灾备中心和大数据应用战略合作协议》，并于 2015 年 10 月 10 日联合发布贵州旅游大数据综合指数，这是国家旅游局联合地方省市及运营商开展多级数据融合的首次尝试与初步成果。

2. 积极推进智慧旅游公共服务平台建设

2015 年 1 月，国家旅游局出台《关于促进智慧旅游发展的指导意见》，积极支持智慧旅游景区、智慧旅游企业和智慧旅游城市建设。2015 年 8 月，国务院办公厅印发《关于进一步促进旅游投资和消费的若干意见》，提出积极推动“互联网 + 旅游”，要求全国 4A 级以上景区和智慧乡村旅游试点单位实现免费 Wi-Fi、智能导游、电子讲解、在线预订、信息推送等功能的全覆盖，要在全国打造万家智慧景区和智慧旅游乡村。2015 年 9 月，国家旅游局启动“12301”国家智慧旅游公共服务平台，其融合“语音 + 微信服务号 + 微信公众号”的服务形式，改变了传统单一链式的投诉和咨询的沟通方式，有效建立起实时、高效、便捷、线上及线下的沟通机制。

3. 全面推动旅游新媒体的应用

“中国旅游”官方微博自 2011 年开通以来，粉丝数量达到 539 万，在全国相关的旅游政务微博中处于前列。2015 年 3 月，国家旅游局开通“中国旅游”微信公众平台，每日重点推送国家旅游局重要政务信息、重要旅游新闻、文明旅游理性消费等提示警示信息以及旅游安全等公共服务信息，并在全国旅游工作会议、中国旅游日、黄金周、小长假及旅游旺季等重要时间节点，加大推送密度，积极开展与公众的互动交流。各地旅游部门也纷纷将微博和微信作为宣传营销、发布公共信息的新平台。

（四）丰富和完善旅游便民惠民体系

1. 旅游优惠措施更加丰富

2015 年“中国旅游日”活动期间，各地推出了旅游线路优惠、景区门票优惠、旅游优惠券、旅游套票、纪念品等不同形式的优化活动。如北京推出 20 条惠民措施，包括北京市 65 岁以上老人凭“老年优待卡”、全日制大学本科及以下学历学生凭学生证可免费游览部分公园；天津推出 31 条惠民措施，游客在旅游日当天游玩部分旅游景区享半票或免票优惠等。各地还结合本地实际，推出更多的日常旅游惠民措施，如海南众多景区推出重阳节敬老爱老优惠活动，针对老年游客推出丰富的旅游优惠；宁波举办“市民旅游日”活动，全市 51 家旅游景区面向新老宁波人推出门票打折或免费优惠活动。

2. 旅游金融服务更加便捷

《国务院办公厅关于进一步促进旅游投资和消费的若干意见》明确提出“支持有条件的旅游企业进行互联网金融探索，打造在线旅游企业第三方支付平台，拓宽移动支付在旅游业的普及应用”。途牛、去哪儿、阿里旅行、京东旅游、众信旅游等旅游企业纷纷推出针对旅游企业的融资服务或针对旅游者的消费信贷服务，促进旅游的投资和消费。各地旅游局和旅游企业积极与银行合作，推出旅游金融的惠民措施，促进旅游消费发展。2015 年 6 月，广发银行与广东省旅游局联合推出广发优游通联名信用卡，刷卡在全省 200 多个景区内可享受持卡人本人免费（或特惠折扣）以及随行人员打折的优惠，并享有相应的增值服务。2015 年 10 月，海南银行与省旅游委联合推出“海旅游乐享卡”，该卡除具备存取款、投资理财、刷卡消费等金融功能外，持卡人还可以享受覆盖全岛“食、住、行、游、购、娱”等旅游行业的优质特惠服务。2015 年 10 月 26 日，焦作中旅银行与旅行社等第三方机构合作，发展中高端客户旅游消费信贷，并且与互联网科技公司合作，推出以“青春游学贷”为品牌的大学生综合消费金融。

3. 大陆对台个人游试点进一步扩大

为进一步推动海峡两岸旅游发展，第五批试点城市的赴台个人游业务于 2015 年 4 月 15 日正式启动，新增了海口、兰州、银川、常州、舟山、惠州、威海、龙岩、桂林、徐州和呼和浩特等 11 个试点城市。至此，大陆赴台个人游试点城市已达 47 个。同时，为进一步便利大陆居民赴台旅游，海峡两岸旅游交流协会依据《大陆居民赴台湾地区旅游管理办法》等相关规定，新增 48 家出境游组团社为第六批指定经营大陆居民赴台旅游业务旅行社，同时，从 2015 年 11 月 21 日至 2016 年 2 月 19 日，大陆赴台团队游日配额将从 5000 人增加到 8000 人。

（五）强化旅游安全保障工作

1. 安全预警机制运行更加有效

在出行安全方面，国家旅游局及时发布了赴南非、泰国、马尔代夫、日本、法国等国家或地区的安全出行提示。针对恶劣的天气状况或自然灾害，国家旅游局也及时发布公告，提醒游客谨慎前往。2015年4月25日，尼泊尔发生里氏8.1级地震，导致多地房屋倒塌，通信中断，并造成大量人员伤亡。国家旅游局便及时公告中国公民近期暂勿前往尼泊尔。国家旅游局还就登革热疫情发布公告，提醒大陆居民近期赴台湾旅游注意登革热疫情，要增强防病意识。国家旅游局也就国内台风预报，提醒游客注意防范台风“灿鸿”的不利影响，避免去台风影响区旅游。国家旅游局还在8月份发布旅游服务警示，提醒游客警惕低价旅游团，选择出国出境旅游的旅游者要遵守他国公序良俗。截至2015年11月，国家旅游局发布针对天气、社会、自然灾害等突发事件和其他事件的出行提示累计达到40多条。

2. 旅游安全保障能力不断提升

国家旅游局先后下发《关于加强近期旅游安全保障工作的通知》《进一步做好旅游安全工作的紧急通知》《关于做好旅游安全与应急工作的通知》，要求各地加强对重点环节和相关企业的旅游安全监管，强化应急值守，严格执行事故报告制度等。2015年6月，国家旅游局在全国大力开展“旅游安全生产月”和“旅游安全生产万里行”活动。2015年8月18日，国家旅游局为贯彻落实全国安全生产电视电话会议精神，进一步做好旅游安全工作。国家旅游局和各地还积极推进紧急救援体系建设。如北京市大力推进“北京市旅游安全与应急管理系统”建设，在2015年1月份正式投入使用；黑龙江省旅游局加快推动完善旅游安全责任体系，将旅游应急管理纳入政府应急管理体系。

3. 旅游责任险统保工作持续推进

国家旅游局继续实施旅行社责任保险全国统保示范项目，推动住宿、旅游交通及高风险旅游项目等经营者实施责任保险制度，并继续深化“旅保合作”机制，推动保险机构完善旅游保险产品和服务。各地也积极创新旅游保险产品，如黑龙江省旅游局加强与旅游责任保险统保示范项目的六大保险公司合作，继2014年推出导游职业综合保险后，今年又推出了旅游景区和星级饭店责任保险统保产品，基本实现行业的全覆盖，有效提升旅游企业规避风险的能力；陕西省旅游局在2015年7月启动全省A级旅游景区安全生产责任保险统保示范项目，切实提高旅游景区的风险抵御能力等。

二、我国旅游管理体制改革和公共服务体系建设的重要趋势

（一）旅游改革创新进入新阶段

旅游综合改革以试点地区为载体，把旅游重点领域改革和旅游业发展有机结合起来，把解决本地实际问题与攻克面上共性难题结合起来，实现重点突破与整体创新，为全国其他地区的旅游综合改革起到了示范作用。国家级旅游综合改革已形成了省、市、县三级试点体系，截至2015年11月底，共有10个市、县参与综合改革点，推出了系列改革创新举措，如：北京市建立全国第一家旅游资源交易平台；成都市搭建市场导向的投融资平台即“功能区平台公司”并制定《成都市旅游产业用地改革试点方案》；秦皇岛市成立“北戴河新区”，实现新区旅游规划与土地总规、城市总规的“三规合一”；舟山市设立“旅游经济功能区”等，逐渐形成全方位推进改革的工作局面。

（二）地方旅游部门统筹职能得到加强

国内多个省市加快行政管理体制改革，将旅游局升格为旅游发展委员会并列为地方政府组成部门，探索新常态下旅游部门统筹协调、整合资源、促进旅游业发展的体制机制，并通过体制创新的制度安排，实现工作机制的转变。各地以旅游体制机制改革为基础，加快推动“旅游+”发展，拓展民航、铁路、公路、餐饮、住宿、商业、通信、会展、博览、娱乐、文化、体育等领域旅游服务功能，培育工业、农业、教育、医疗、科技、生态、环境、建筑等领域旅游新业态，推动旅游业从传统观光游向观光、休闲、度假、体验、求知综合游转变，推动旅游产业进入发展新阶段。

（三）鼓励社会参与旅游市场秩序治理

游客主体地位的确立是治理观念的最大转变，旅游市场秩序逐渐由社会管理向社会治理转变。相较于过去政府视角、专家视角的市场治理理念，基于游客评价的旅游市场秩序治理理念成为主流，游客满意等已经成为评价旅游目的地发展质量的主要衡量指标。近年来开展的旅游投诉、媒体曝光、实地核实和满意度调查等旅游市场秩序评价方法，本质上都是游客评价的表现形式。各地为了提升旅游市场秩序而做出的领导批示、工作部署、法规制度建设、组织架构、工作机制、市场主体培育和政府各部门的专项行动等，这些工作都是“过程性”的，最终都会反映到游客评价中来。当前，使用信息手段加强市场监管是重要趋势，2015年7月出台的《国务院办公厅关于运用大数据加强对市场主体服务和监管的若干意见》就是顺应大数据时代潮流，提出要运用现代信息技术加强政府公共服务和市场监管。近年来，游客使用自媒体传播成为市场秩序问题曝光的主要渠道，使长期以来的不文明、不规范，甚至“涉黑”经营等潜在问题为大众所知。

（四）加快推动老少边穷地区旅游公共服务发展

1. 旅游扶贫促进贫困地区旅游公共服务建设

旅游扶贫是新时期精准扶贫的重要组成部分。国务院扶贫办和国家旅游局按照汪洋副总理的指示精神，把旅游扶贫作为精准扶贫的重要内容，共同启动了旅游扶贫试点工作。在旅游部门和扶贫部门的紧密配合下，旅游扶贫试点已成为各级地方政府集中力量加速推进贫困村基础设施建设的有效平台。各部门充分协作，统筹利用专项财政资金，有力推动了贫困地区旅游基础设施建设和特色产业发展。

2. “一带一路”推动边境地区旅游公共服务建设

当前，国家正在大力推进“一带一路”、沿边开放、自贸区建设等重要战略，发展边境旅游的作用更加凸显。边境旅游成为“兴边富民”的重要支柱产业，是国家沿边开发战略的重要组成部分。近年来，随着边境旅游政策逐步宽松，边境旅游发展势头良好，地方的积极性很高。目前，沿边地区均将边境旅游作为富民强区的重要战略性支柱产业来打造，在边境旅游产品和线路开发、规划编制、宣传促销、招商引资、国际节事活动打造、跨境合作等方面积极开展工作。

3. **红色旅游工程提升革命老区旅游公共服务建设**

红色旅游作为“四大工程”为服务国家大局做出了重要贡献，同时促进了革命老区旅游公共服务的飞速发展。中央和地方政府不断加大红色旅游投入，通过财政资金和政策设计引导地方旅游公共服务硬件建设，为公共服务体系、品牌形象等软件提升创造了坚实的基础。

（五）扎实推进文明旅游建设

1. **文明旅游政策不断细化**

为贯彻落实《中华人民共和国旅游法》及中央精神文明建设指导委员会《关于进一步加强文明旅游工作的意见》，深入推进旅游行业文明旅游工作，进一步提升我国公民旅游文明素质，国家旅游局发布《关于进一步加强旅游行业文明旅游工作的指导意见》，提出整治重点领域的旅游不文明行为，并对《游客不文明行为记录管理暂行办法》进行修订，明确规定：“游客不文明行为记录”信息保存期限视游客不文明行为情节及影响程度确定，期限自信息核实之日起计算。与此同时，动员全社会营造文明旅游大环境，开展旅游不文明“随手拍”活动，形成共同抵制旅游不文明行为的浓厚氛围。

2. **文明厕所建设快速推进**

厕所是文明的窗口，“文明”的厕所是促成“厕所文明”的硬件保障。“厕所革命”开展以来，得到了各级地方政府的积极响应，纷纷采取有力措施，积极推进，在厕所项目规划、用地审批以及税费、用电、用水、用气等方面给予适当政策倾斜，城市里的公厕数量有所增加，如厕难的问题得到了很大程度的缓解。“厕所革命”的迅速推进，为市民游客提供了便利、人性化关怀，从正面推进文明旅游氛围营造工作。“厕所革命”既是厕所建设者、管理者的责任，也是厕所使用者的责任。广大游客及全体市民通过自觉文明如厕，形成健康向上的厕所文化，有力地促进了我国旅游业发展和社会文明进步。

三、旅游新常态对管理体制改革和公共服务体系建设的新诉求

（一）客源市场变化倒逼旅游监管体制机制创新

随着散客比例的提高，游客活动范围广泛深入到城市和乡村的各个角落，与目的地居民共享生活空间。散客强调对目的地整体环境的体验，而且完成自己旅游过程所依托的商业服务和公共服务早已经溢出了旅行社、旅游饭店、旅游景区、旅游巴士、旅游餐馆、旅游购物商店、旅游演艺等“旅游六要素”边界。这就要求旅游主管部门既要依法、依规监管和治理团队旅游市场的失范问题，又要通过政府这只有形之手重点治理散客市场普遍存在的“谁都有关，又谁都不管”的新问题。旅游行政主管部门不能再期望划清一个明确的市场边界，也不能再因循传统的监管手段，而是要主动创新工作抓手，形成优化旅游发展环境“共同但有差别的责任”的工作体系。走出一条旅游部门牵头、地方政府负主体责任，条块结合、综合治理的路子。

（二）旅游消费升级亟须与之相匹配的公共服务体系支撑

一方面，地方政府过于重视高端项目建设而忽视公共服务设施建设，旅游基础设施建设不足。特别是西部地区的旅游厕所、停车场、汽车营地、游船码头、游客服务中心等不足的状况长时间存在，不能适应快速增长的旅游消费需要。另一方面，伴随旅游活动从“定点式”的景区景点向更加广域范围的目的地旅游/城市旅游发展阶段转变，游客的旅游活动也必然同旅游目的地的各项公共行业服务产生更多的交集，对旅游目的地公共行业服务的敏感度也将进一步上升。

（三）旅游业转型升级对权威统计体系提出需求

随着“旅游+”战略的深入实施，现有的旅游统计体系已不能满足研究和决策需要。一方面，在消费需求的推动下，旅游业态边界不断拓展，形成了大旅游发展格局。另一方面，以“旅游+互联网”为代表的创业创新活跃，基于互联网和分享经济模式的业态创新在住宿和交通领域发展迅速，以完善产业链、资源整合为主要目的的境外并购愈演愈烈。旅游新业态的出现，从统计口径到统计渠道，都对传统旅游统计方法提出了挑战。当前的旅游统计既不能够满足宏观决策的需要，也不能满足微观运营的参考。为进一步转型升级，调整创新，旅游业在获取权威的行业统计数据方面有着较为广泛的产业诉求。

（四）旅游创业创新需要包容性政策支持

在人才、资本和技术新型变革要素的驱动下，旅游正在成为创业创新最为活跃的领域之一，呈现“大众创业、万众创新”的蓬勃景象。譬如乡村旅游是旅游扶贫的主要领域，由于其自身的特殊性，以乡村旅游来开展扶贫工作往往受到很多制约，如利用宅基地、承包土地、集体土地发展旅游，可能存在土地性质变更、规划调整等问题；在利用自有住宅开展接待的情况下，乡村旅游经营户很难达到现有的消防、食品安全、卫生等标准；由于缺乏抵押和担保，申请贷款也较为困难等。类似情形中出现的尚无定论的领域需要允许先行先试。因此在旅游创业创新过程中，要着力加强供给政策结构性改革，从政策制度上切实保障创业创新行为。

四、新时期推进管理体制改革和公共服务体系建设的建议

（一）完善新时期旅游宏观调控体系

1. 进一步加快转变政府职能

政府作为旅游市场秩序治理的传统主体，应主动、及时回应游客诉求和社会关

注，加强以旅游主管部门为主的政府部门之间的统筹，调动地方政府的积极性。将游客评价调查纳入旅游数据中心，通过旅游市场秩序信息、数据、分析报告，例如旅游市场秩序综合水平指数、诚信指数、征信情况、地区和行业排名等的持续发布，来保持持续治理旅游市场秩序的动力，使旅游市场秩序的“严打”成为常态。在旅游市场秩序治理工作中，政府的角色是统筹领导而非事事亲自上阵，做好市场秩序治理的战略时间表，战略目标控制等工作，防止排斥其他有效的治理手段。根据当前的工作要求，可择机成立旅游价格、旅行社、景区、购物、节假日等专门治理工作组。

2. 向上推进旅游综合协调机制改革

巩固扩大地方旅游综合协调机构改革成果，推进国家层面相关改革进程，形成旅游综合协调机制改革合力。进一步提升旅游业服务国家战略的能力，引导旅游发展为国家经济、政治、社会、文化、生态文明建设服务，为扶贫、新型城镇化、新型工业化、农业现代化和新农村建设等重要战略服务，为全面建设小康社会目标服务。

3. 深入推进旅游宏观调控改革方案

按照《旅游法》《政府质量工作考核办法》《关于促进旅游业改革发展的若干意见》《关于促进市场公平竞争维护市场正常秩序的若干意见》和国家旅游“515”发展战略的总体要求，在贯彻落实相关任务的过程，更加注重社会反映和社会评价的指标监测，在旅游领域的市场秩序治理中出典型、出经验、出模式，激励行业市场主体提供优质服务，开展文明消费，最终提升旅游业的社会形象。

（二）健全新时期旅游政策法规体系

1. 完善新时期旅游业法制环境

增强新时期旅游法律法规的及时性、系统性、针对性、有效性。实现旅游立法和改革决策相衔接，做到重大改革于法有据，立法主动适应改革和经济社会发展需要。对不适应改革要求的旅游法律法规，要及时修改和废止。实践条件还不成熟、需要先行先试的，要按照法定程序做出授权。旅游实践证明行之有效的，要及时上升为法律。此外，有的省区市已经完成地方旅游条例的修改，有的省区市正在推进此项工作，旅游部门要配合各级人大和政府法制部门，积极支持各地旅游法制的建设，尽快启动地方旅游法规的修订，推进相关法规、规章和规范性文件的立改废工作，确保法律得到有效实施，不断完善旅游业发展的法制环境。

2. 构建新时期旅游大发展的政策支撑体系

新时期政策工作重点应转到消化、细化、执行前期出台的政策以及对综合性政策的对接上来。要积极协调相关部门，从财政、税收、金融、土地、签证、投资、人才等领域入手，加强政策之间的衔接、协调和推动实施，系统梳理旅游业发展政策，加强对水电气同价等已出台政策的督办力度，完善与旅游业发展相关的各类政策，形成旅游政策体系框架。加强旅游法规和标准化建设。开展第三批旅游标准化试点工作，健全旅游标准体系，加强标准化政策研究。

3. 推进新时期旅游对外开放政策

按照十八届三中全会“加快沿边开放步伐，允许沿边重点口岸、边境城市、经济合作区在人员往来、加工物流、旅游等方面实行特殊方式和政策”的要求，加强与发改委、公安部、外交部、商务部等部门的合作，推动与周边国家之间的跨境旅游合作，分步落实特殊的旅游方式和政策。完善旅行社、导游开放措施，探索出台邮轮旅游便利化通关等政策和事中事后监管模式，深化自贸区框架下旅游业的改革开放。

（三）提升新时期旅游发展监管质量

1. 形成准入和运营并重的旅游市场监管体系

对于旅游行业市场主体建设审批、开业运营过程中涉及的多部门审批事项，应该确定牵头部门统一负责，其他部门只在其中专项管理。对于旅游行政主管部门，应快速适应旅游业形势变化，在此基础之上进行战略创新和产业政策调整。

加强旅游行业数据和旅游公共服务设施数据调查统计工作。通过完善统计制度为旅游业发展提供参考和指导。旅游业统计范围应予以扩大，包括增设和细化统计指标、扩大抽样地区范围，争取对旅游业统计数据最大限度向社会开放。

进一步修订和细化旅游公共服务项目标准。包括加快既有标准修订工作，创建新兴旅游业态及旅游公共服务标准，加快建立项目齐全、时效性强的旅游标准体系，引导旅游行业及地方旅游公共服务建设健康发展。

建立鼓励创新、适度容错的监管机制。在旅游创新中出现的尚无定论的领域，允许先行先试。充分发挥政府在创新中的促进作用，最大限度地规避企业创新的阻碍因素，形成创新的制度保障。

2. 加快建设旅游市场秩序评价与信息公开机制

完善旅游市场秩序综合评价制度。持续改进旅游市场秩序综合水平指数，提高全社会共识和认可度，形成全社会主动参与评价和监督旅游市场秩序管理的新局面。加快完善服务等级“退出制度”建设。在坚持旅游市场秩序问题一票否决制基础上，探索建立服务等级核心板块与服务等级拓展板块建设。提升旅游目的地警示制度的公信力与社会影响力。对整治不力、管理不善的地方，发出整改通知，并根据整改效果，分级发布旅游警示，整合旅游信息公开披露渠道，建立规范化、常态化、信息化的警示信息公开平台。

创建社会监督信息披露及交互平台。鼓励各地结合实际，创新社会监督组织管理的方式。对代表性强、成效显著的地方案例进行研究考察，符合推广条件的开展试点工作。支持旅游协会等中介组织制定评价旅行社、导游、饭店、景区的服务标准。建立健全旅游信用信息公示制度，依法公布违法违规信息。与相关行业形成旅游失信信息共享制度。加强与公安、工商等相关部门的联动，加大旅游市场秩序整治力度。要通过旅游市场综合整治行动，加快形成综合整治的有效机制，并使之常态化、长效化。强化媒体的舆论监督，支持媒体曝光旅游违法违规事件。

3. 建立健全游客不文明行为监管机制

细化《中华人民共和国旅游法》对旅游者的文明行为的相关规定，完善游客旅游不文明档案分级制度，加快相关立法进程。贯彻《游客旅游不文明记录管理办法》，与航空公司、旅行社、旅游饭店等涉旅企业联动，形成游客旅游不文明信息通报机制。明确上述主体的法律义务，细化相关法规研究，为立法工作创造条件。研究重点领域旅游不文明行为人法律责任，做好与既有法律规范对接工作。积极协调相关方面，依法制定对不文明旅游者的追责制度，对不文明旅游者进行依法处置，共同创建文明有序的中国公民出境旅游市场秩序。同时促进各国、各地区的居民在法律的框架内对中国游客的文化差异和生活习惯，给予必要的宽容和平等的对待，形成面向中国游客的新的待客之道。要全面宣传普及这种现代城市观念，使城市发展做到对内服务和对外服务均衡。

（四）强化新时期旅游公共服务体系支撑

1. 持续推动旅游人才与科研工作

紧紧围绕建设旅游强国的目标，持续加大旅游科研投入与人才培养力度。依托国内重点旅游院校和研究机构，创新旅游产学研合作平台，建设一批高层次创新型旅游人才培养和科研基地，形成旅游智库体系。要抓好旅游经营管理人才、旅游服务人才、旅游行政管理人才、旅游开发建设人才的建设，促进人才资源在城乡、区域、行业之间合理流动和科学配置，推动人才结构战略性调整，实现人才开发与旅游业协调发展。要从法制和政策上，为旅游人才全面发展提供制度保障。促进人才开发的国际合作，加强与联合国教科文组织、世界旅游组织等国际组织的合作，积极参与全球、区域性旅游人才开发合作。

2. 加快完善城市旅游信息咨询和集散体系

加强目的地信息平台建设，使游客能够了解真实的城市旅游信息。现在很多城市的网站都是政务网而非旅游网，这两种界面的风格应当是完全不同的，必须要把政务和旅游网站分开来建设，才能方便游客高效快捷地完成城市体验。广泛运用现代信息技术，通过提供手机导航、固定电台频段的语音提示等，给游客更加便捷的信息服务。优化旅游集散中心的选址，设计好网络化的游客集中与分散系统，使游客到达一个目的地城市后能快速分散到各个旅游节点，以及便捷地结束旅程并离开目的地。适应消费结构多元化的大众旅游需求，探索提供多层次的旅游集散服务设施。

3. 务实推进旅游厕所建设

各地要继续加大政策扶持力度，加强资金调配，协调项目资金、用地、用水、用电等问题，保障旅游厕所的新建改建顺利开展。推动社会经营场所以及机关企事业单位厕所对游客开放，加强旅游厕所革命的宣传，引导游客爱护设施、文明如厕，努力营造健康的厕所文化。鼓励以商建厕、以商养厕、以商管厕。通过新改扩建，促进旅游景区、旅游线路沿线、交通集散点、旅游餐馆、旅游娱乐场所、休闲步行区等的厕所全部达到标准，并实现“数量充足、干净无味、实用免费、管理有效”的要求。

4. 加快建设旅游安全保障系统

加强旅游安全提示信息的发布渠道建设，充分利用微信微博、手机短信等手段，提高安全提示信息的受众面和时效性。建立旅游目的地安全风险提示制度，加快“中国旅游天气网”及旅游气象服务示范区建设，提升旅游行业灾害性天气预警防范能力。推动建立政府救助与商业救援相结合的旅游紧急救援体系，鼓励有条件的旅游企业建立专、兼职的紧急救援队伍。继续深化“旅保合作”机制，推动保险机构完善旅游保险产品和服务。加强与重点出境游目的地开展旅游保险合作，以俄罗斯、中国台湾等为试点，进一步提高出境旅游保险保障和服务水平。

责任编辑：谯　洁
责任印制：冯冬青
封面设计：中文天地

图书在版编目（CIP）数据

2015年中国旅游经济运行分析与2016年发展预测／中国旅游研究院编. --北京：中国旅游出版社，2016. 1
ISBN 978-7-5032-5532-8

Ⅰ. ①2… Ⅱ. ①中… Ⅲ. ①旅游业—经济分析—中国—2015②旅游业—经济预测—中国—2016 Ⅳ. ①F592. 3

中国版本图书馆CIP数据核字（2016）第002813号

书　　名：2015年中国旅游经济运行分析与2016年发展预测

作　　者：中国旅游研究院
出版发行：中国旅游出版社
（北京建国门内大街甲9号　邮编：100005）
http：//www. cttp. net. cn　E-mail：cttp@cnta. gov. cn
发行部电话：010-85166503
排　　版：北京旅教文化传播有限公司
经　　销：全国各地新华书店
印　　刷：北京明恒达印务有限公司
版　　次：2016年1月第1版　2016年1月第1次印刷
开　　本：787毫米×1092毫米　1/16
印　　张：9. 5
字　　数：160千
定　　价：48. 00元
I S B N　978-7-5032-5532-8